百年の品格
クラシックホテルの歩き方

山口由美

新潮社

富士屋ホテルの本館、フロント前から2階へとつづく階段。1891年の竣工時から120年余、多くの賓客たちが、ここを昇り降りしてきた(F)

「百年ホテル」への誘い

歴史あるホテル、そして、時を重ねた建物をいまなお現役として使い続けているホテルのことを、クラシックホテルと呼びます。この本では、なかでも百年以上の年月を重ねたホテルを、クラシックホテルの中のクラシックホテルとして、「百年ホテル」と名づけました。

一八七八（明治十一）年創業の富士屋ホテル。ホテルとしての創業は一八九三（明治二十六）年ですが、一八七三（明治六）年から貸し別荘として外国人を迎えてきた歴史をもつ日光金谷ホテル。一八九四（明治二十七）年創業の万平ホテル。そして、一九〇九（明治四十二）年創業の奈良ホテル。それぞれのホテルは、明治、大正、昭和の時代を生きて、いまも、箱根、日光、軽井沢、奈良と、日本を代表する観光地の顔であり続けています。

日本には、ホテル文化がない、という人がいます。でも、たとえば有名なパリのリッツが開業する以前に、日本の「百年ホテル」は創業していました。

日本でホテルに泊まるなんてつまらない、という外国人がいます。でも、壮大な

（右頁右から順に）富士屋ホテル花御殿の破風に鎮座する獅子F　階段の手すりに付けられたちょっとエキゾティックな赤いランプK　真鍮製のルームキー。万平ホテル敷地内の貸別荘用だったものM　バーの磨りガラスに鐘楼の文様。古都、奈良ホテルらしい意匠N

寺社建築の「百年ホテル」には、確かに日本文化の粋があります。

日本人のアイデンティティが問い直されているいまだからこそ、「日本のホテル」であることに誇りを持ち続けてきた「百年ホテル」の魅力を、多くの人に知ってもらいたいと思っています。

日本人による日本のホテルとして、最初に日本の「おもてなし」を海外に発信したのは「百年ホテル」でした。戦争のような不幸な時代にも、その役割は変わらず、歴史の舞台にもなりました。「百年ホテル」は、歴史を見つめてきた生き証人でもあるのです。だからこそ、ホテルには、たくさんの物語が秘められています。

見上げるような威風堂々とした外観に、最初はちょっと緊張するかもしれません。でも、長い年月、さまざまなゲストを迎え入れてきたホスピタリティは、あくまでも温かく、人のぬくもりにあふれています。

回転扉を押して、さあ「百年ホテル」にようこそ。

現代と過去が、そして日本と西洋が交錯する、特別な時間のはじまりです。

＊写真説明中のしるしは、
それぞれ、
F＝富士屋ホテル
K＝日光金谷ホテル
M＝万平ホテル
N＝奈良ホテル
をあらわしています。

もくじ

富士屋ホテル、ランチタイムを待つ
メインダイニングにて F

プロローグ

その昔、通貨がユーロになる前、パリにはパリの匂いがあったよね、とフランス暮らしの長かった友人に問いかけると、彼は我が意を得たりという表情になった。

私が、ジタンのタバコの匂い……と言うと、たたみかけるように、そしてブイヨンの匂い、と言う。女たちが台所でコトコト煮込むスープの匂いだと。

でも、私の記憶にあるパリの匂いは、どこまでも、つんと癖のあるジタンの匂いでしかない。そう思った時、私は、はっと気づかされたのだった。

一九七五（昭和五十）年の夏、母に連れられて初めてパリに行った私にとって、ブイヨンの匂いは、とりたてて珍しくないものだった。なぜなら、母は、生まれた時からブイヨンの匂いの中で育った女性だったから。

といっても、母は外国で生まれ育った訳ではない。明治時代に開業したホテルの経営者の娘だった。戦中、戦後の時代、彼女は両親と共に、ホテルの中で少女時代を過ごしたのである。

体調が悪い時、日本人なら、まして昭和十四年生まれの日本人なら、当然のようにお粥を欲しがるだろう。しかし、彼女が欲したのは、ブイヨンの匂いが香りたつコンソメスープだったのである。

我が家では、ただ「ホテル」と呼んでいたそのホテルから、母のためのスープは、

黄金色に輝くコンソメスープ。ブイヨンからつくり、肉・野菜とよく煮込んで丸3日かけて仕上げる、創業以来変わらない味。シンプルで、薫り高い一皿

ワインボトルに詰められて届けられた。馥郁としたブイヨンの匂いは、病床にふせる母の寝室を優しく包むものであり、そして、ホテルそれ自体の匂いでもあった。

母の父、私にとっての祖父は、一八八五（明治十八）年生まれ、曾祖父といってもいい年回りだった。創業者の次女の婿として、箱根宮ノ下の富士屋ホテルに入ったのは一九一一（明治四十四）年。いまからちょうど百年前の出来事になる。

三重県桑名に生まれた祖父は、大学の英語研究会で英語劇に熱中し、日本郵船の外国航路のパーサーとなった。若かりし日の祖父の写真は、歴史の登場人物を思わせるフロックコートを着て、明治という時代の気概そのものを背負ったような表情をしている。

そして、祖父は、同族経営が終焉する一九六六（昭和四十一）年まで、五十五年のホテル人生を歩んだのだった。一九三二（昭和七）年に最初の妻が亡くなると、二年後、祖母を後妻に迎えた。その一人娘が私の母である。半世紀余りの年月、数多の賓客を迎え、いくつもの戦争があり、明治、大正、昭和と時代を重ねて、ホテルは、クラシックホテルと呼ばれる存在になった。

もっとも祖父は、そんなことを意識することもなかったに違いない。年月とは、いつも昨日と今日、今日と明日の積み重ねであり、戦争が終わった日も、白いテーブルクロスの上に置かれた銀器が、昨日と同じく一片の曇りもなく磨かれているかに心を配る、祖父は、そういうホテルマンであった。

長女の婿であった大伯父が、破天荒な個性の持ち主だったのと対照的に、祖父は、実直で生真面目な人だった。でも、もしかしたら、創業者であった曾祖父は、二人の

性格の違いをわかっていて、婿に迎えたのかもしれないと思うことがある。大伯父の個性がなかったなら、ホテルは百年を越える年月、人々に愛される存在にはならなかったかもしれないし、祖父がいなかったなら、ホテルは、今に存在しなかったかもしれないからだ。

一九四四（昭和十九）年、大伯父が急逝すると、祖父は、その後を継いだ。戦争と占領という激動の時代、大伯父が築いたホテルの伝統を、祖父は愚直なまでの一途さで守り続けた。

祖父の姿は、クラシックホテルを支えてきた幾多の人々とも重なる。華やかな舞台を裏で支えるのは、実のところ、地道な毎日の積み重ねである。クラシックホテルは、その小さな積み重ねが、伝統というものの正体であることを知る人たちによって育まれる。そうしてホテルの伝統を守ることを誇りとし、自らのアイデンティティとしていたからこそ、最晩年、第一線を引退してからも、祖父は、人生そのものがホテルであった頃のライフスタイルを崩さなかったのである。

その祖父のもと、ホテルの中で育った娘が私の母であった。

三十九歳で早世した母の記憶は、私自身、おぼろげなものでしかないけれど、確かに不思議な人であった。

富士屋ホテルに限らず、世界中のホテルでドレスコードがゆるくなり始めていた時代、カジュアルな服装のゲストが姿を見せると、母の顔が、悲しげに曇ることがあった。あるいは、スタッフが誤って食器を床に落としたとき、遠く離れて見ているだけなのに、食器の破片が当たったように痛そうな顔をする。もし、昭和五年生まれのダ

花御殿のルームキー。菊、桜、梅、すずらん……全43室すべてに花の名が付けられ、キーにも花の絵が用いられている。持ち重りのする大きなキーを手に館内を歩くのは、ちょっと誇らしい

イニングルームに人格があって、顔があって、表情があったら、そうするであろう顔を、彼女はするのだった。

母は、経営に携わった訳ではなく、たまたま運命のめぐり合わせで、ホテルの一隅を通り過ぎたに過ぎない。それが遠く去ったいま、彼女のことなど、とうの昔に忘れられていると私は思っていた。

ところが、先日、母の存在をいまも仕事のよりどころにしている人がいると知って、私は驚いたのだった。

ベーカリーの担当者で、すでに退職したのだが、週に何度かは、請われて厨房にくる。そっと耳打ちされた情報によれば、彼がいる日とそうでない日では、パンの味が微妙に変わるという。

彼の職場であるベーカリーに降りる階段の手前に一枚の日本画が掲げられている。蝶々模様の和服を着た少女の横向きの肖像画で、そのモデルが、実は母なのだった。彼は、長年、母の誕生日ケーキを焼いてきたという。母の誕生日は一月元日。ホテルは大忙しの時である。

スポンジにジャムが挟んであって、バタークリームのバラの花に彩られたデコレーションケーキ。あれですか、と言うと、懐かしそうに彼は笑った。

年月は流れ、母は亡くなり、バタークリームのデコレーションケーキなんて覚えている人も少なくなったいまも、彼は、母の絵に向かって、「今日も働かせていただきます」と挨拶をして仕事に入るのだという。

実のところ、私は、絵のモデルが母だと、つい最近まで知らなかった。娘の私が知

雅生画「婦人」。昔から富士屋ホテルの一角に飾られていた絵画だが、着物姿の少女が自分の母であるとは、著者自身最近まで気づかなかった

らないはずはないと周囲が思い込んでいて、誰も改めて教えてくれなかったのだ。

母はこれほど美人ではなかったと、訝しく思いながら、絵を見上げる。

だが、次の瞬間、幼さと、達観したように老成した表情が混じる横顔に、私は声を上げそうになった。

ダイニングルームで、母のナイフとフォークの動きがふと止まった瞬間、確かにこんな表情をしていた。彼女が幼い頃、マッカーサー夫人を迎えて晴れ着を着た写真も、やっぱりこんな表情だった。ホテルに人格があったならと喩えるならば、そうか、こういうことだったのかもしれない。

私が、母はホテルそのものであった気がすると話すと、ベーカリーの彼は、そのとおりだとばかりに大きくうなずいた。

母の絵に挨拶してから仕事に入る理由もわかった気がした。絵の中に佇むのは、少女の姿を借りたホテルそのものだったのだ。

ヨーロッパの女性のようにブイヨンの匂いの中で育ち、蝶々模様の和服を身にまとった彼女に、伝統のフランス料理がサービスされる日光東照宮に似た壮麗な寺社建築のダイニングルームが重なる。

母に重なるシンクロニシティは、富士屋ホテルの歴史が生んだ偶然だが、クラシックホテルの魅力とは、積み重ねられたホスピタリティと伝統と、歴史と空間と、そうしたものが渾然一体となって醸し出す、ある種、人格のようなものかもしれない。

どうしてここまで、と思うほどクラシックホテルを深く愛している友人がいる。

もともと毎夏、富士屋ホテルに長逗留していた家族の出身で、しかし、長いことホテルから離れていた。彼が再びホテルに来るようになったのは、父親の事業が傾き始めた頃という。アンティーク商という浮世離れした商売で細々と暮す彼の生き方は、事業家の父親とは、水と油ほども違ったが、父子である以上、無関係とはいかなかったのだろう。当時、富士屋ホテルに来ることで、どれほど慰められたかと、彼は言う。

伝統あるホテルというと、地位のある人やお金持ちが、優雅に楽しむところと思うかもしれない。もちろん、ある時代の富士屋ホテルは、そうであったし、現在も、その役割は続いている。しかし、一方で、重ねた年月の醸し出すある種の雰囲気は、人の心を包み込み、癒すのかもしれないと、私は思う。

彼が泊まるのは、決して高いスイートではない。忘れ去られたような小さな部屋に泊まり、フルコースのディナーではなく、クラシカルな裏メニューを厨房にリクエストする。夏であれば、庭の屋外プールで泳ぎ、食事をし、泊まらずに最終の登山電車で帰ることもある。つつましい範囲で、自分なりの楽しみ方を知っていて、いつも本当に幸せそうな顔をして、ホテルにいる。クラシックホテルのスタッフというのは、お金をたくさん落とす客ばかりでなく、こうした客を大切にする。かつての顧客だからではなく、彼がホテルを愛するがゆえに、上客とするのである。

クラシックホテルの威厳ある外観は、敷居が高くて、少し居丈高に見えるかもしれない。でも、扉を押して中に入れば、温かなもてなしがある。数多の人が通り過ぎた空間は、だからこそ人恋しくて、寂しがりやで、ホテルを愛してくれる人の到来を、いまも首を長くして待っている。母がそうであったように。

第一章

見る

「しっかり働いているか」。富士屋ホテル2代目は、メインダイニングルームの柱の下から、従業員をしっかり睨んでいる。ギョッとするが、よく見るとどことなくユーモラス

花御殿3階のスイート「菊」の間の窓からは、富士屋ホテル本館の全貌が広がる。瓦屋根に唐破風、和洋折衷の独特な雰囲気。逆に、本館テラスからは、花御殿の壮麗な姿が最もよく拝める

富士屋ホテルには、記念撮影の特等席ともいうべき場所がある。本館の、昭和初期まで正面玄関だった回転扉の先にあるテラスだ。

まるで借景としてそこにおいたように、向かって正面左に「花御殿」と呼ぶ壮麗な寺社建築がそびえている。

ホテルとわかっているからホテルなのであって、何も知らない外国人に見せたなら、寺院か何かと勘違いしそうな建物。竣工報告書には、当時の経営者、創業者の長女の婿であった山口正造の名前が設計者として記されている。もっとも彼が建築家だった訳ではない。「建築道楽」が高じて、設計に口を出しすぎた結果だったのではないかと言われている。このテラスも、自らの作品である「花御殿」の外観を鑑賞するために、正造のしかけた舞台だったのだろうか。

テラスは、「花御殿」竣工の前年、ラストエンペラー、満州国皇帝の溥儀の予約が入った際、玄関の大改修で新設されたものだ。土を掘って玄関と車寄せを一段低いところにすることで生まれた玄関上の空間を、テラスにしたのである。

溥儀が来館予定であった一九三五（昭和十）年、「花御殿」は工事中だった。溥儀は、結局、来日はしたが、スケジュールの変更で富士屋ホテルには泊まらなかった。しかし、工事の名残りとしてのテラスは残ったのである。つまり、テラスから見る「花御殿」の眺望は偶然の結果ということになる。

来館しなかった賓客と言えば、ロシア皇太子ニコライもそうである。富士屋ホテル最古の建物である「本館」は、開業後、初めての国賓として予約を受けて、突貫工事で建てたもの（一八九一［明治二十四］年竣工）。しかし、ニコライも、大津事件に遭遇し、箱根には来られなかった。

この静かな場所は、金谷ホテルを象徴するものの一つ。ロビーの一角にひっそりとあるライティングデスク。KANAYAのレターヘッドの便箋で手紙を書くひとときは至福

「花御殿」を正面に歩み出たテラスから、くるりと逆を向くと、その「本館」がある。大勢が集まった集合写真の場合、同じテラスでも「本館」を背景に撮られたものが多い。ジョン・レノンが家族と写真を撮った「本館」回転扉の下もいい撮影ポイントだ。

「本館」は、いかにも日本的な「花御殿」と比較すると、より洋館らしい趣きがある。しかし、よく見ると、和風の装飾があちこちについている。回転扉の上には白い鳥。ツルだろうか、白く塗られているのでそう見えるが、実は鳳凰である。

そして、「本館」の向かって左側、双子のように並ぶ、富士屋ホテルの中で最も端正な洋館が、「西洋館」とも呼ばれる、「一号館」と「二号館」である。一方、右側には、富士屋ホテルのメインダイニングルーム「ザ・フジヤ」がある。

そう、テラスは、富士屋ホテルの建物の外観をひと通り見わたすことのできる、とっておきの場所なのだ。

さらに、もうひとつ、これらの外観を逆の向きから見る特等席がある。「花御殿」のふたつのスイートルーム、二階の「桜」と三階の「菊」の左手奥の窓だ。これらの部屋に泊まる幸運があったなら、窓から外観を見ることを忘れないでほしい。「菊」はジョン・レノン、「桜」はヘレン・ケラーが泊まった部屋として知られている。

ホテルの外観は、季節や天気によっても、めまぐるしくその表情を変える。

たとえば、夕刻のテラスで、雲の影にさえぎられて沈んだような色調になっていた「花御殿」が、一瞬、金色の光に包まれて輝くときがある。早朝、山から下りてきた白い霧の間に見え隠れする「本館」を、「花御殿」のスイートの窓から偶然見ることがある。夜の明かりが灯る頃、玄関から続く坂道から見上げた「花御殿」の幻想的な外観に、思わず立ち止まることがある。

もともとが摩訶不思議な和洋折衷の建物は、偶然の光や霧に演出されると、まるで映画のワンシーンのように、物語の舞台めいた気配を漂わせる。たとえホテルでおきた物語の真実を知らなくても、ここで何もおきなかったはずはないと確信できる感じ、とでも言えばいいだろうか。

はっとする風景というのは、予想して狙えるものではない。それは、賑わいの狭間に訪れる偶然の出来事。だから、たとえ雨降りの日でもあきらめないで、ときどき空を見上げてほしい。食事やおしゃべりに熱中しているその時、奇跡のような一瞬が、通り過ぎるかもしれないのだから。

奈良ホテルにも、外観を見るとっておきの場所がある。奈良ホテルの裏手にある荒池から望む姿である。正面玄関前は、確かに記念写真に悪くはないけれど、いささか見上げるようで、美しいプロポーションの建物全体を見ることができない。

奈良ホテルに泊まる魅力のひとつは、奈良公園に隣接したロケーションだと思う。たとえホテルそのものが目的であっても、奈良ホテルに来て、奈良公園を素通りするのはどうかと思う。荒池から見た奈良ホテルは、ちょうど奈良公園に歩いてゆく道すがらである。池沿いに奈良公園方面に歩き、ちょっと左に入る。菊水楼という料亭が目印だ。東大寺や春日大社に足をのばすついでに、ぜひ立ち寄ってみてほしい。

奈良ホテルというと、御陵参拝などの時、皇族が泊まる定宿として有名だ。もちろん歴史あるクラシックホテルは、奈良ホテルに限らず皇室御用達であることが多いのだが、それにしても、奈良ホテルは特別である。その理由のひとつが、周囲をこんもりとした緑に囲まれたロケーションだと聞いたことがある。ホテルをとり囲む植え込

ホテルの外観は、季節や天気によっても、めまぐるしくその表情を変える。

みは、ＳＰが潜むには格好の場所。すなわち警備がしやすいのだ。荒池をはさんで見る奈良ホテルに、その理由もさもありなんと納得する。

ところで、奈良ホテルと並んで世界遺産の観光名所に隣接する絶好のロケーションを誇るのが、日光金谷ホテルである。

富士屋ホテルの「花御殿」とよく似た「別館」の角部屋のスイートからは、日光山内の入口である神橋が見下ろせる。逆を言えば、そこが金谷ホテルの外観をのぞむポイントということでもある。

創業者の金谷善一郎は、維新前、笙を吹く楽士として、日光東照宮に勤める武士だった。やがて明治になり、日光に外国人が訪れるようになる。しかし、徳川のお膝元で、誰もが外国人を忌み嫌う土地柄。泊まるところがなく困っていた彼らを善一郎は、武士の義侠心から自宅に泊めた。金谷ホテルの前身、金谷・カッテージインである。

そう考えると、東照宮のある山内の入口、神橋から仰ぎ見る高台は、金谷ホテルのある場所として、いかにもふさわしい。

高台に建つ金谷ホテルは、急坂を上がってゆくアプローチそれ自体もドラマティックでいい。車の後部座席に座っていると、ホテルの外観は、ことさらに突然、視界が開ける感じがする。正面に悠然と建つのが「本館」。そして右手に建つのが、富士屋ホテルの「花御殿」と瓜二つの「別館」だ。

よく似ているのは、決して偶然ではない。なぜなら金谷の「別館」は兄、富士屋の「花御殿」は弟、容貌もよく似ていた兄弟によって、同時期に建設された建物だからだ。金谷ホテル創業者の善一郎の長男・眞一と次男・正造。正造は、後に富士屋ホテル創業者の長女に婿入りした。瓜二つのホテルには、瓜二つの兄弟がいたのである。

ホテルへのアプローチから見る外観が、イメージをかりたてるという意味では、軽井沢の万平ホテルもそうだ。万平通りと名づけられた白樺の並木。道の両側は、旧軽井沢でも、ことさらに伝統ある別荘地だ。その先に、万平ホテルの顔ともいうべき「アルプス館」の瀟洒な建物がある。

しばしばスイスの山小屋風と称される建物だが、実は、佐久地方の養蚕農家をモデルにしているというのが面白い。「アルプス館」のアルプスとは、スイスアルプスのイメージではなく、日本アルプスだったのである。

万平ホテルを愛したジョン・レノンがそうだったように、このホテルに滞在する楽しみは、白樺の木立に囲まれた周辺の別荘地を散歩したりサイクリングしたりすることにある。万平ホテルに泊っている幸せを実感するのは、車で最初にアプローチする時よりも、滞在中、自転車や徒歩で林を抜けて、「我が家」であるホテルに帰る時だと思う。そうした時間を重ねて、ジョンは、軽井沢を故郷のように愛するようになったのだろう。この場所が、外国人の避暑客たちによって「ハッピー・ヴァレー（幸福の谷）」と呼ばれるようになった理由もわかる気がする。

軽井沢では、ことさらに季節によってホテルの表情が変わるように感じる。それは、軽井沢という土地の特性が関係しているのだろうか。箱根や日光と同じように四季は移ろうけれど、突出して華やかな夏の輝きがあって、その前後に、ほかの季節が寄り添っているように思えるのだ。もちろん最近は、夏だけ賑わう軽井沢のあり方も変化している。それでも万平ホテルの外観は、古き良き時代の軽井沢の匂いを濃厚にまとっているから、とくにそう感じるのかもしれない。

ひっそりと普段着の表情を見せる冬枯れの静寂もいいけれど、私が好きなのは、夏

ロビーまわりは、クラシックホテルらしさが最も凝縮された空間。

の賑わいの余韻が残り、人の波がひと段落した夏の終わりの万平ホテルである。

和洋折衷の独特な外観とともに、クラシックホテルの特徴としてあげられるのが、ゆったりとしたロビーの空間である。

待ち合わせはロビーで、人と会うときのそんな常套句が迷子の原因となるようなホテルが、最近は増えている。そうした斬新さも私は決して嫌いではないが、昔ながらのスタイルの、時が止まったようなクラシックホテルのロビーに佇むと、何とも言えずほっとする。ソファに体をうずめていると、眠くなってしまうような感覚。クラシックホテルならではの時間である。

ひとしきりくつろいだら、あたりを見回してみよう。ロビーまわりは、クラシックホテルらしさが最も凝縮された空間。好奇心のアンテナを立てながら、想像力を働かせながら、歩き回ると、そのホテルの歴史が、ふわりと立ち上がってくる。

窓辺にライティングデスクがある。

滞在客が旅の便りを書いた机だ。ホテルで綴られた手紙は、クラシックホテルをめぐるさまざまな物語を生んできた。

たとえば、金谷ホテルのレセプションには一枚の外国人女性の肖像写真が掲げられている。凛とした品のある貴婦人。ビクトリア朝英国の旅行作家、イザベラ・バードだ。創業者の金谷善一郎が手探りで外国人を泊めていた頃、金谷ホテルの前身、金谷・カッテージインに泊まったのだ。東京から北へ、東北から北海道をめざす旅の途中、彼女が妹にあてて綴った手紙が後にまとめられて『日本奥地紀行』になった。バードが泊まったのは、洋式の設備があるホテルではなく、全くの日本家屋だったが、その快適さと庭の美しさ、そして温かなもてなしを彼女は絶賛している。肖像写真を掲げているのは、その言葉が、いまもホテルの原点だと考えているからだろう。

やがてホテルは、滞在客が出す手紙をひとつの宣伝媒体と考え、ロゴマークやイラストを入れた独自の便箋を用意するようになる。そうした便箋に、多くの人たちが、バードのように日本の印象を記した。

アインシュタインが日本を訪れた時の「日本に於ける私の印象」という草稿も、金谷ホテルの便箋に綴られた。

文章が書かれたのは、金谷ホテルでの休日を終え、東京から名古屋に向かう列車の車中であり、金谷ホテルのデスクではなかったけれど、ノーベル賞物理学者の肉筆の上に、金谷ホテルのロゴマークが誇らしげに輝くこととなったのである。

クラシックホテルのロビーは、小さな博物館のようでもある。金谷ホテルは、ロビーの一隅に展示コーナーがあるが、そうでなくても、あちこちにホテルをめぐる物語の片鱗は見つけられる。

富士屋ホテルのロビーでは、館内を彩る無数の木彫が目をひく。しかし、これらは、ロビーのある「本館」が完成した時からあったものではない。クラシックホテルの面白さは、時が止まった空間のようでいて、ホテルが創業された時代をそのまま止めた訳ではないことにある。「百年ホテル」とは、百年前の時間を止めたホテルではなく、百年の年月が地層のように重なって、いまがあるホテルということなのだから。

たとえば、ヘレン・ケラーが富士屋ホテルを訪れた記憶が、フロントカウンター前の柱に白い尾長鶏の木彫となって刻まれている。

「花御殿」や「食堂」の建築に陣頭指揮をとった山口正造は、奇抜な発想でお客を喜

「百年ホテル」とは、
百年の年月が地層のように重なって、
いまがあるホテル。

ばせるアイディアマンでもあった。外国人が多かったことから、とりわけ日本の文化や伝統の紹介に熱心だった。土佐原産の尾長鶏は、江戸時代に生まれた日本特有の希少種。通常、鶏は一年で羽が生え変わるが、この鶏は、生え変わらないため尾が長く伸びる。大正時代に鶏を高いところに止めおく飼育法が普及して、より長い尾の鶏を育てることができるようになった。当時、日本を象徴するアイコンとして人気があったらしい。正造は、早速、土佐からその鶏を取り寄せて、ホテル前の商店で飼育させたのだった。

そして、賓客があるたびに、尾長鶏を誇らしげに見せて記念写真を撮った。ヘレン・ケラーが宿泊したときも、尾長鶏が、もてなしの主役だった。長い尾を手で触ることは、三重苦の彼女にとって、ことさら興味深いことだったに違いない。白黒が一般的な尾長鶏にあって、白一色のその鶏は、より希少なものだった。だから鶏が死んだ後、その姿を永遠に残そうと、柱に木彫として刻んだのだろう。白い尾長鶏は、ヘレン・ケラー来訪の記憶であり、富士屋ホテルのユニークなホスピタリティのかたちを物語るものでもある。

尾長鶏に目をつけた正造は、自身の姿もまたホテルに刻みつけた。食堂の柱に見る鬼のような顔がそうである。怖い顔をしているのは「しっかり働いているか」と従業員を見ているから。少し低い位置にあるのは、食事をしているお客のことは睨まないようにとの配慮という。

創業時の記憶を語り継ぐものとして、金谷ホテルにイザベラ・バードの肖像写真があるならば、万平ホテルの「アルプス館」には、「亀」のステンドグラスがある。ロビーから二階の客室に上がる途中、階段の踊り場の上にあるのがそれだ。

なぜ「亀」なのか。

万平ホテルを創業する以前の家業が、亀屋という旅籠だったからだ。

軽井沢は、もともと中仙道の宿場だった。ところが明治になると、碓氷《うすい》峠を通る旧道を迂回して道路が整備される。碓氷峠の先にある軽井沢は、みるみる廃れていった。忘れ去られた軽井沢にたまたまやって来たのが、英国人宣教師アレクサンダー・ショーとジェイムス・ディクソンだった。彼らは、避暑地としての軽井沢を「発見」した。

そして、金谷善一郎が外国人を泊めたように、亀屋の主人、佐藤万平は、ディクソンを自分の宿屋に泊めたのだった。さらに娘の婿養子として迎えた二代目万平（国三郎）は、神学校に学び、ショーと共にキリスト教の宣教活動に携わった。当初、軽井沢に避暑にやって来たのは、もっぱらキリスト教の宣教師たち。そのため軽井沢の人たちは、彼らを相手によりいい商売をしようと、信者のふりをして「てんぷら耶蘇」などと呼ばれた。そうした風潮のなか、亀屋が信用を得たのは言うまでもない。

亀のステンドグラスは、そうした歴史をいまに伝えている。

「アルプス館」といえば、もうひとつ忘れてはならないのが、ダイニングルームの壁を飾る大きなステンドグラスだ。「アルプス館」の建った一九三六（昭和十一）年当時の軽井沢のライフスタイルと、江戸時代、中仙道の往来が盛んだった頃の宿場町の様子とが対照的に描かれている。テニスラケットを抱えた人がいる、クラシックカーに乗った人がいる。「アルプス館」完成の頃は、夏の社交場として戦前の軽井沢が最も華やかだった時代。その象徴として完成した建物に亀屋の記憶を重ね合わせたのだ。

⚜

一八九一（明治二十四）年に建てられた富士屋ホテルの「本館」がそうであるよう

に、一九〇九（明治四十二）年に建てられた奈良ホテルの「本館」も、時代に応じて、さまざまに使われた。

現在、富士屋ホテルでロビーになっているのは、かつて「マジック・ルーム」と呼ばれていた部屋。まるで冗談のようだが、余興としてマジックが行われていたというのが、名前の由来である。奈良ホテルの場合は「桜の間」、こちらは、正統な日本建築の外観に似あう、まっとうな名前だ。

フロントとの間に区切りがなく、オープンなスペースの「マジック・ルーム」に比べて、独立した部屋である「桜の間」は、ロビーと呼ぶにはちょっと不思議な空間である。しかし、奈良ホテルに行ったなら、必ず足を踏み入れてほしい場所。なぜなら、奈良ホテルの歴史を物語るものがふたつあるからだ。

まずは、アインシュタインが奈良ホテル滞在中にひいたとされるピアノ。そして、もうひとつが、部屋の片隅にひっそりと置かれた銅像である。胸元に刺繍のあるシャツを着た、どこかエキゾティックな雰囲気のある東洋人。太平洋戦争末期、亡命して奈良ホテルに滞在していたフィリピンのラウレル元大統領である。

当時、運輸省が運営していた奈良ホテルには、政治家や軍関係の客が多かった。そうしたことから、大統領の一行、すなわち日本占領下のフィリピン亡命政府がここに滞在していたのだ。

玄関を入ってフロントの奥、ティーラウンジとバーに入る手前に「桜の間」はある。お茶やお酒を楽しむ人たちは、そのままティーラウンジやバーに行く。新聞を読んでいる宿泊客がぽつりぽつりといるだけの「桜の間」は、通り過ぎるだけの人が多いのかもしれない。しかし、だからこそ静かで、クラシックホテルならではの落ち着いた

富士屋ホテルのパブリックスペースには、不思議な彫刻がいっぱいひそんでいる。フロント前の柱には、これでもかと尾の長〜い尾長鶏

佇まいがある。

ラウレル大統領の銅像があるせいなのか、それともアインシュタインのピアノのせいなのか、「桜の間」を通り過ぎてティーラウンジに入ろうとすると、誰かが後ろにいるような錯覚を覚えることがある。

なんていうとホラーめいてしまうが、幽霊とか亡霊とかいうのではなく、同じ場所を共有してきた誰かの気配があるのが、クラシックホテルなのだと思う。

遠い昔、アインシュタインもラウレル大統領も確かにここにいた。時を経て、いま私たちが、その同じ空間に立つ。もちろん彼らがいたのは遠い昔なのだけれど、その時の差を瞬間、埋めてしまうような魔法が、クラシックホテルにはあるのかもしれない。

富士屋ホテル
Fujiya Hotel

長い年月を経た木のぬくもりにつつまれて、ほっと心癒されると同時に、背筋が伸びるような気持ちになれる。それがクラシックホテルの醍醐味。上：本館メインダイニングルームから望む花御殿。下：本館テラスに面した明るいロビー。ここで椅子にもたれていると、つい居眠りしてしまう。左頁：フロント脇のティーラウンジ。かつてここは客室だった。とても落ち着けるのは、そのためだろうか

日光金谷ホテル

Nikko Kanaya Hotel

高原リゾートのさきがけ、日光が誇る日本最古の西洋式ホテル。けっして気取っていない、どこか懐かしい場所だ。上：左手が本館。1893（明治26）年にこの地にオープンして以来、賓客を迎えてきた。1階部分は、昭和に入ってから掘り下げて造られた。右手が1935年築、木造3階建ての別館。冬、暮れなずむ時間、あたたかな灯が迎えてくれる。左頁：本館2階から3階へつづく階段。異国のお城に来たような気分

万平ホテル

Mampei Hotel

1894（明治27）年の創業以来、避暑地軽井沢のシンボルでありつづける万平ホテル。夢はここで「ひと夏を過ごす」こと。上：ホテルの顔、1936年築のアルプス館。山小屋風の建物は、金谷ホテルも手がけた久米権九郎の設計で、信州・佐久地方の養蚕農家をイメージしたもの。下：木のあたたかみが感じられるロビー。左頁：階段の踊り場窓のステンドグラス。亀屋旅館時代の心意気が感じられる大きな亀が、光をあびてゆうゆうと泳ぐ

奈良ホテル

Nara Hotel

悠久の時間を感じられる、唯一無二のホテルだろう。奈良公園に隣接して建つ威風堂々たる檜づくりの本館は、まさに関西の迎賓館。パブリックスペースがゆったりとられているのも大きな特徴。上：本館フロント前を右奥へ進むと、格天井の広々としたロビーがある。片隅にラウレル大統領の胸像が立つ。左頁：本館北側の庭。荒池のほとりで鹿に出会うことも

さて、どのホテルの何でしょう？

どれも、4つの「百年ホテル」のパブリックスペースにあるものです。探してみるのも楽しいですね。（☞答えは126〜127頁にあります）

1

2

3

4

5

6

7

8

9

10

11

12

第二章

味わう

ディナー時間の開始を告げる「チャイム」。ダイニングルームの前で毎夕、柔らかな音色のメロディを奏でる

満州国皇帝溥儀の来館にあわせて新調した食器類。大倉陶園製の皿は古都奈良らしい風景画がモチーフ。現在も皇族用に使っている

クラシックホテルの、らしさが最も感じられる場所、それが食堂、いわゆるメインダイニングではないかと思う。

ぴんと糊のきいた白いテーブルクロスとナプキン、磨きこまれた銀器とカトラリー、やわらかな電球の光が映る大ぶりのグラス。黒服のメートル・ド・テル（給仕長）に案内され、ウェイターの引いた椅子に座る。

メニューを受け取り、微笑みを返す。すっと背筋が伸びる心地よい緊張感。食事をするだけなのに、舞台の上に立ち、幕が上がっていくような、晴れがましい気分になる。

メインダイニングで楽しむ食事は、もちろんランチでもいいけれど、ディナーのほうが、より特別な気持ちになれる。

夜の帳がおり、窓に明かりが灯される頃、ホテルは、建物がドレスに着替える訳でもないのに、昼とは別の華やいだ表情に包まれるからだ。その変化を最も感じる場所が、メインダイニングである。

だから、私は、昼間の自分から一呼吸おいて、シャワーを浴び着替えをする。少なくとも、そうしようと思う。

耳の後ろでささやく母の声がそうさせる。もちろん、母が若かった頃のような大仰なドレスアップではないけれど、アクセサリーのひとつだけでも夜の装いにしてメインダイニングに行こう、と思う。

食事つきの旅館に対して、食事がついていない自由さがホテルの長所だと理解されるようになって久しい。だが、クラシックホテルに泊まって、メインダイニングでデ富士屋ホテルのティーラウンジ「オーキッド」。日本庭園を眺めながらお茶やスイーツを楽しめる人気の場所で、もちろん宿泊者以外でも歓迎。ゆっくりくつろぐには夕食直前くらいの時間帯が狙い目

ィナーをとらないのは、あまりに残念だと思う。逆を言えば、泊まらなくても、ディナーをとれば、泊まったような気分になれる。クラシックホテルのメインダイニングの、とりわけディナーには、そんな特別な意味がある。

ホテルの娘として育った母は、ホテルに泊まったら、一度は、メインダイニングで食事をするのが礼儀と信じ、事実、そうしていた。

母とヨーロッパを旅した時、滞在したパリで、ある日本料理店と親しくなり、気安さもあって、そこに通ったことがあった。でも、ある夜、母は、意を決したように、宿泊ホテルの、宮殿のようなメインダイニングに私を伴って出かけたのだった。ホテルに対する礼儀を果たすために。

富士屋ホテルの、母が育った部屋には、厨房の見える窓があった。その部屋は、もともと祖父の前任として経営を率いていた大伯父、山口正造の住居と執務室だった。

正造は、厨房こそがホテルの心臓であると考えていた。いまでも富士屋ホテルでは、入社したら、必ず食事をサービスする部門で経験を積む暗黙のきまりがある。

その厨房で丹精込めた料理が運ばれてゆく先がメインダイニングである。クラシックホテルでは、そこは、ただのレストランではない。歴史を重ねたホテルの伝統と格式、そして、誇りが詰まっている場所なのだ。

⚜

かつて祖父は、大伯父の習慣にならい、毎夜、紋付羽織袴の正装でメインダイニングに宿泊客を迎え、食事をした。そして、週末には、祖母と母が加わり、一家でテーブルについた。

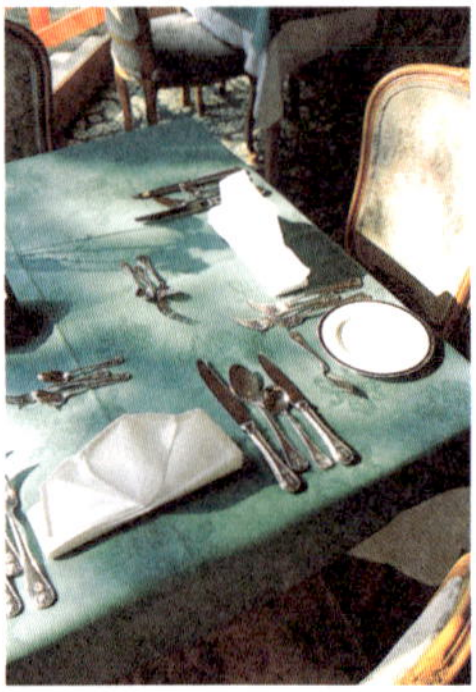

陽光が差し込む、奈良ホテルのメインダイニングルーム。どんな朝食にしようか。わくわくする一瞬Ⓝ

そうした習慣は、富士屋ホテルばかりでなく、旧時代の伝統あるホテルでは、洋の東西を問わず、一般的だった。

母とヨーロッパを旅した一九七〇年代、昔ながらの同族経営が多いスイスのホテルで、しばしば母は耳打ちをしたものだ。

「あそこにオーナーファミリーがいるわ」

メインダイニングの一隅の、全体がよく見渡せるような位置のテーブルに、きちんと服装を正した紳士とマダム、そしてお行儀のいい子供たちがいた。

夏休みの時期、似たような一家は、ほかにもたくさんいたのに、どうして彼らが、ホテルの一家だとわかるのか。

富士屋ホテルでは、右手奥の窓際が、そのテーブルだった。あるいは、テーブルの位置が共通だったのかもしれない。だが何よりも、かつて自分もその立場にいた母の直感があったのだろう。

スイスアルプスのマッターホルンを仰ぐ村、ツェルマットのホテルでのこと。それは日曜日の夜だったと記憶する。

はっきり覚えている理由は、母が、その日のディナーであった「コールド・ブッフェ」は、日曜日の夜の定番だと教えてくれたからだ。

「コールド・ブッフェ」とは、その名のとおり、サラダやローストビーフ、ローストチキンといった冷たい料理をブッフェスタイルで並べたもの。週に一度、調理場のスタッフに休んでもらうため、作りおきのきくメニューにするのだと、説明してくれた。

いまは「コールド・ブッフェ」をやるホテルなんて見かけなくなったが、それでも富士屋ホテルのアラカルトメニューには、「コールド・ブッフェ」で定番だったいくつかの料理が残っている。

たとえば、じゃがいもをマヨネーズであえた定番のポテトサラダと、セロリとリンゴと胡桃の入ったウォルドルフサラダ。

ニューヨークのウォルドルフ・アストリア・ホテルを発祥とするサラダは、いつから富士屋ホテルのメニューにあったのか。婿入りした父が、アメリカ留学の帰りに実習をしたのが、このホテルだった。フレンチレストランで、モーツァルトのようなカツラと衣装を着てサービスをする写真に笑ったことがあるが、浅からぬ縁があったのかもしれない。

そして、アソーテッド・コールドカッツ。天皇皇后ご成婚五十周年記念のスペシャルコースに入っていた、ローストビーフ、ローストチキンなど冷たい肉料理を盛り合わせた一品である。

富士屋ホテルの顧客であった美智子皇后が、ご成婚後、皇太子妃となって再び宿泊した時、注文されたと伝えられる、オールドファッションなメイン料理だ。皇族の宿泊のならいとして入念に打ち合わせたメニューではなく、アラカルトで好きなものを選んでもらったのは、美智子妃にくつろいでもらうための心づくしのもてなしであったと、当時のスタッフに聞いたことがある。

そういえば、晩年、入院中の祖父が、最後に食べたいと懇願したのも、冷たいローストビーフをはさんだサンドイッチだった。

子供の頃、富士屋ホテルのランチボックスというと、アーモンドを載せたひし形のパイ菓子と共に入っていた定番のアイテム。祖父の病状を慮って、せめて卵サンドイッチにするよう、周囲がなだめたことを思い出す。そして、その卵サンドイッチは、

メニューを受け取り、
微笑みを返す。すっと背筋が
伸びる心地よい緊張感。

富士屋ホテルの長年の顧客である三井財閥の奥様のお気に入りだった。

　ところで、美智子妃がアソーテッド・コールドカッツを注文したディナーで、皇太子殿下（当時）が、おかわりをしたのがカレーライスである。

　そう、クラシックホテルといえばカレー。「百年ホテル」には、どこでも長年受け継がれた伝統のレシピがある。

⚜

　カレーとクラシックホテルの密接な関係は、カレーの故郷である熱帯のコロニアルホテルにさかのぼる。

　戦前、日本のホテルでも使われた言葉に、ランチを意味する「ティフィン」がある。もともと「ティフィン」とは、インドのカレーを入れるお弁当箱の意味。昼食に「ティフィン」を下げてくる現地の人たちにならって、やがてイギリス人も昼食のことを「ティフィン」と呼ぶようになった。カレーがメニューに並ぶ南国のエキゾティックな昼食といったニュアンスだろうか。

　シンガポールのラッフルズホテルにあるアフタヌーンティーで有名なレストラン「ティフィンルーム」の名前も、これに由来したもの。ちなみに「ティフィンルーム」では、アフタヌーンティーだけでなく、ランチのカレーブッフェも有名である。

　こうした国々に寄港したからだろうか、カレーは、客船の定番メニューでもあった。日本郵船には、昔から受け継がれるレシピのドライカレーがいまもある。

　日本のクラシックホテルのカレーも、そうして南方からやって来たのだろうか。

　金谷ホテルによれば、メニューに記された最も古い記録は、一九〇七（明治四十）年三月十日、英国から帰国した創業者の次男、正造を迎えるディナーで出された「鹿肉ライスカレー」だという。

この後、大正から昭和初期にかけて日本人向けのディナーに多く登場するようになる。山のホテルらしく、鹿や猪といったジビエを具に使うのが特徴だった。

金谷正造は、富士屋ホテルの長女に婿入りして、山口正造となるのだが、私は富士屋の古い顧客から正造をめぐるカレーのエピソードを聞いたことがある。いまも受け継がれるホテルのカレーは、正造が英国から持ち帰ったレシピだというのである。

一方、金谷ホテルには、海軍の船に乗っていた初代料理長が、そこで学んだカレーのレシピを持ち帰ったという話が伝わっている。

単調な船の生活にメリハリをつけるために、週に一度カレーを食べたのは、現在の自衛隊にも受け継がれている伝統。海軍は、日本のカレーのルーツのひとつである。

さらに、金谷ホテルの古いレシピ帳には、「ボンベイカレー」という、インドを彷彿とさせる名前のカレーも出てくる。

金谷ホテルのカレーが、果たして、どのレシピを元にしたものなのかはわからない。

だが、面白いのは、大正から昭和にかけて、日光金谷ホテルの兄と、箱根の富士屋ホテルの弟、瓜二つの兄弟が、よく似た建物を建て同じ事業を展開したにもかかわらず、金谷ホテルのカレーと富士屋ホテルのカレーは、味が異なることだ。濃厚でリッチな味わいの欧風カレーである点は共通しているが、味の方向性は全く異なる。金谷のカレーには、辛さと共にココナッツのまろやかさがあり、富士屋のカレーは、より辛さはひかえめで、トマトのような風味がある。

カレーをめぐるエピソードといえば、万平ホテルのカレーは、いまは建物だけが残された旧三笠ホテルのレシピを受け継ぐものと聞いたことがある。

「百年ホテル」には、どこでも長年受け継がれた伝統のカレーのレシピがある。

三笠ホテルは、万平ホテルが開業した十二年後、軽井沢に開業した。ところが、その建築の監督は、なんとライバルであった万平ホテルの創業者、初代佐藤万平が請け負ったというのだ。自分のホテルによほど自信があったがゆえの余裕だったのか、理由はさだかでない。カレーのレシピは、戦後、その三笠ホテルの厨房で働いていた人から万平ホテルに伝えられたという。ジョン・レノンも好きだったというその味が、いまは幻となった、もう一軒のクラシックホテルの歴史を伝えているとは。不思議な因縁である。

さらに、リゾートのクラシックホテルには、共通する名物料理がもうひとつある。富士屋ホテル、日光金谷ホテル、そして万平ホテル、いずれのメニューにもある虹鱒料理だ。

淡水魚の虹鱒が名物となったのは、箱根には芦ノ湖があったからだろうし、日光には中禅寺湖があったからだろう。軽井沢の万平ホテルでは、中庭の池で養殖していた。山のリゾートの清冽な水は、虹鱒と相性がよかったのだと思う。

カレーの味は似ていない富士屋ホテルと金谷ホテルだが、虹鱒料理は、よく似ている。いずれも虹鱒の富士屋風（アラ・フジヤ）、金谷風（アラ・カナヤ）と名づけられた料理の特徴は、いずれも醬油とみりんの和風の味付けだ。金谷のほうが虹鱒が大きくて、味が少しあっさりしている。富士屋は、虹鱒が少し小ぶりなぶん、アラカルトで注文すると二尾ついてきて、少しこってりしている。ソースを多めにかけて、つけあわせのポテトを浸して食べるとおいしい。

⚜

さまざまな物語が秘められたアラカルトを楽しむのもいいが、それでも、やはりクラシックホテルのメインダイニングの主役は、フルコースのフランス料理だ。

現在は、宿泊プランに応じて、さまざまなコースが用意されているが、そもそもメインダイニングでサービスされていたのは、フランス語でターブル・ドートと呼ばれる、日替わりの定食だった。

古い時代のメニューには、一人でこんなに食べたのか、と驚くほどの品数が記されている。これは客船の食事と同じシステムで、普通は、いくつかを選んで注文するが、食べたければ全部注文してもよかった。時代が進むにつれて、選べる範囲が狭くなり、ジャンル別に好みのものを選ぶかたちになっていく。

毎日のメニューは、客船のメニューがそうであったように、季節の風物などのイラストが添えられて食卓を飾った。

富士屋ホテルには、そうしたメニューカードの膨大なストックがある。明治時代から現代に至るまで。ホテルを訪れた多くのＶＩＰのための特別メニューから日常のメニューまで。一年三百六十五日、朝昼晩、すべてのメニューが残っている時代もある。かつてホテル内にあった印刷所で毎日、印刷され、絵心のある従業員が工夫をこらした。季節を追いながら、メニューカードを見ていくと、その時代に迷い込んだような錯覚を感じる。

二十年程前のこと、あるイベントで大正時代のメニューを再現してもらったことがあった。そのときのシェフの一言が忘れられない。

「昨日のメニューとたいして変わらない」

もちろん時代に応じて料理は変化してきたが、それでもクラシックホテルのメインダイニングのメニューは、遠い昔の味を確かにいまに伝えている。

クラシックホテルのケーキは、しっかりガツンと甘いほうがいい。

そして、クラシックホテルならではの味として忘れてならないのが、ケーキやデザートなどのお菓子類だ。

ベーカリーの長老いわく、時代にあわせて甘さを控えめにしているというが、一般の料理以上に、昔のレシピがそのまま残されたものが多い。とかく甘くないのが「おいしい」とされる昨今だが、私は、クラシックホテルのケーキは、しっかりガツンと甘いほうがいいと思っている。そのほうが、ケーキ本来のレシピに合うからだ。

たとえば、富士屋ホテルの定番、エンゼルケーキ。ボリューム感たっぷりのチョコレートのスポンジとバタークリームの組み合わせは、ときどき無性に食べたくなる。

子供の頃、誕生日のケーキは、決まって濃厚なバタークリームをたっぷり使ったデコレーションケーキだった。毎年、メッセージと共にオリジナルの模様を描いてくれる。十歳の誕生日の、バラの花束を盛ったバスケットの絵柄のケーキには、とりわけバタークリームがたっぷり載っていた。私は、いつも生クリームのケーキに憧れていたのだけれど、いまとなってみれば、あのバタークリームが懐かしくて、エンゼルケーキを注文するのだと思う。

知人の家を訪問する時の手土産に焼いてもらうのは、アップルパイかレモンパイだった。ホールのパイが入った箱を父が大事そうに車のトランクにしまう。そうしたお出かけは、お正月の、寒い日が多かったように記憶する。持参したパイは、どこの家でも、笑顔と共に迎えられるのだった。

アップルパイとレモンパイは、クラシックホテルならば、どこでも登場する定番のお菓子。アップルパイが、いつもガラスケースに並んでいる定番中の定番ならば、レモンパイは、どこでもレシピはあるけれど、注文しておかないと食べられない、ちょっとマニアックな定番である。

そんなレモンパイの事情を教えてくれたのは、武庫川女子大の建築の先生だった。この大学には、帝国ホテルのライト館建設の助手だった遠藤新の設計による旧甲子園ホテルの建物があって、学舎の一部として使われている。その縁で親しくなったのだが、クラシックホテルを専門分野のひとつとする先生は、一方で、お菓子の食べ歩きを趣味としている。いや、そちらの先生としてTVの情報番組のゲストに呼ばれるくらいだから、趣味をこえているかもしれない。

先生は、毎年、あるジャンルのお菓子を食べ続ける使命を自らに課す。ちょうど私が知り合った年のミッションが、レモンパイだったのである。

この頃、私もときどきレモンパイを予約するようになった。レモンの酸味をきかせたカスタードのフィリングの上に焦げ目をつけたメレンゲが載っている。彩りに砂糖漬けのチェリーとアンジェリカ（セイヨウトウキ）を載せるのがお約束だ。地味めのアップルパイに比べて、いかにもクラシカルな華やかさのある見た目がかわいい。

富士屋ホテルには、もうひとつ忘れがたい思い出の詰まったお菓子がある。最近、箱根細工を模したケーキにアレンジされて復活したマーブルケーキだ。

祖父の時代、マーブルケーキは、株主総会の日に焼くお菓子だった。特別な日の特別なお菓子は、クッキーを入れる大きな缶に詰められた。一見すると、クッキーのようだけれど、持ってみるとずっしりと重くて、シナモンの香りがつんとする。

同族経営が終焉して、株主総会でケーキが焼かれなくなってからも、家族の法事には、よくマーブルケーキを焼いてもらった。遺影と菊の花の香り。五歳で死別した祖父の記憶をたどりながら、ずっしりと甘い一切れを口に入れる。缶いっぱいに詰められたケーキがあるうちは、大好きだった祖父の魂が、そこにいるような気がした、ちょっとせつない記憶。それが、マーブルケーキの味をさらに特別なものにしているのかもしれない。

そして、クラシックホテルには、どこにもお菓子の似合うラウンジがある。奈良ホテルならば、ロビーとなっている「桜の間」を通り過ぎた奥にある「ティーラウンジ」。万平ホテルならば、大きな窓が開放的な「カフェテラス」。そして、富士屋ホテルならば、本館奥、庭の池が見えるラウンジ「オーキッド」。それらは、どこも窓に面した眺めのいい場所だ。

ラウンジで楽しむお茶とケーキは、クラシックホテルの入門にもちょうどいい。もっとも富士屋ホテルの「オーキッド」など、そう考える日帰り客で、昼間は大混雑になることが多いのだが。

ラウンジをゆっくり利用したい方へのおすすめは、夕食前の時間帯。日帰り客はおおかた帰って、宿泊客はチェックインをすませて部屋で一息入れている、そんな時間だ。

日の長い夏であれば、まだ夕闇に包まれるのには早い頃。さっきまでの喧騒が嘘のように、窓の外からヒグラシのカナカナと鳴く声だけが聞こえてくる。クラシックホテルのリピーターが、ホテルのスタッフからとっておきの情報を仕入れるのは、決まってこんな時間である。

コーヒーのおかわりを注文する。

日光金谷ホテルのメインダイニングルームは、さながら彫刻のミュージアム。細部に目を凝らすと、彩色鮮やかな日光彫りに出会える

馥郁とした香りがテーブルの上に広がる。

ふっと背後に誰かの気配がしたようで振り返る。それは、幽霊でも何でもなく、ラウンジの横に続く長い廊下を歩いてゆく、遅めにチェックインしたカップルなのだが、その後姿に、遠い昔の誰かの気配が重なってみえることがある。

昼と夜の狭間の不思議な時間。もうしばらくここにいようかと思う時、つい注文してしまうのが、アップルパイであり、バタークリームのケーキなのだ。

4つのホテル競演…1 名物料理

富士屋ホテル

虹鱒富士屋風

芦ノ湖産の虹鱒をバターソテーし、醤油とみりんがメインの特製ソースをかけた伝統の定番料理。和風の味つけが食欲を増す。つけあわせはこふきいも。左頁：メインダイニングルーム「ザ・フジヤ」は1930（昭和5）年完成。高山植物や花鳥を描いた見事な格天井、随所に配した彫刻も見所。窓辺の席からは花御殿を望めるF

日光金谷ホテル

日光虹鱒のソテー金谷風

奥日光、中禅寺湖産の虹鱒料理は、金谷ホテルの伝統メニュー。30センチはあろうかという大ぶりの虹鱒に、醤油と日本酒ベースの和風ソース。あっさりした味わいだ。古き良き日本の洋食。左頁：本館2階のメインダイニングルーム。大谷石の重厚な暖炉と想像上の鳥「迦陵頻伽（かりょうびんが）」をあらわした彫刻が目を引く

万平ホテル

佐久高原の虹鱒のムニエル醤油風味　温野菜添え

古くからの馴染み客がこよなく愛する伝統の魚料理。香ばしく、彩りも美しい。やや小ぶりの虹鱒2尾つきなので、二人でシェアして味わうもOK。左頁：アルプス館にあるメインダイニングルーム。壁一面に配された、軽井沢今昔を描いたステンドグラスが見事！上は中庭に面したテラス席。かつては中庭に生簀があり、鱒を養殖していたという

奈良ホテル

ビーフシチュー奈良ホテル風

ランチもディナーもコース主体の奈良ホテルで、アラカルトメニューの定番名物料理がこのビーフシチュー。じつに柔らかく煮込んだ上質な牛肉とたっぷりの野菜、パスタが小鍋仕立てで供される。質量ともに大満足。左頁：創業以来のメインダイニングルーム「三笠」。上は庭に面したテラス席で、社寺の回廊のようなつくり

4つのホテル競演…❷ カレー

富士屋ホテル

ビーフカレー

コンソメやマンゴーチャツネまで加えられた伝統のカレー。マイルドでとっても食べやすい。フランス料理の位置づけなので、フォークで食べるのが富士屋スタイル。ただし食べにくい方は、遠慮せずに「スプーンを」と言おう。らっきょう、福神漬け、刻んだピクルス、レーズン、葉唐辛子と、つけあわせも豊富Ⓕ

日光金谷ホテル

百年ライスカレー

大正時代から伝えられてきたレシピを復活させた大人気カレー。濃厚な味わいで、ココナッツミルクのまろやかさが口に広がる。ダイニングルームの夜食でも供されるが、写真はコーヒーラウンジ「メイプルリーフ」でのスタイルで、ビーフ、チキンから選べ、サラダが付く K

万平ホテル

じっくり煮込んだ和牛肩ロースのカレー&ライス

ランチのアラカルトメニューとして定番のカレー。旧三笠ホテルのカレーレシピを受け継いだ味と心意気を、万平ホテルがいまに伝えている。ほどよく辛味のきいたカレーとご飯の相性は抜群で、いくらでも食べられそう。さらに牛肉のおいしさ、やわらかさは特筆もの。一皿で二つのメニューを堪能できる M

奈良ホテル

ビーフカレー

牛肉と野菜が贅沢にもふんだんに入った、こくの深い伝統のカレー。福神漬けとらっきょうがよく合うクラシカルなおいしさだ。かの高浜虚子も舌鼓を打ったとか。メインダイニングルームのランチタイムでのみ供されるメニュー。缶詰でも販売されているが、やはり「三笠」の空間で、じっくりと味わいたいN

4つのホテル競演…3 お菓子

アップルパイ

これでもかというほど、紅玉りんごがしっかりたっぷりと入ったパイ。シナモンの香り豊かな伝統のケーキ

富士屋ホテル

パティシエ自慢のケーキは、庭に面したティーラウンジ「オーキッド」で

マーブルケーキ寄木細工風

60年前のレシピを復刻させた、昔懐かしい味のケーキらしいケーキ。箱根の伝統工芸、寄木細工の文様にアレンジしたのがキュート

日光金谷ホテル

カスタードプディング

昔からのデザートのひとつ。昔どおりの作り方で、変わらずに続けている。甘くてしっかりとした、本来のプリンの味を思い出させてくれる

チーズケーキ

これもオーソドックスなデザート。フランボワーズソースでさわやかな酸味がさらに引き立つ。台にした砕いたクッキーが香ばしい

本日のケーキ3種

こちらはコーヒーラウンジでのみ食べられる。いちごのタルト、モンブラン、シークヮーサーのゼリー

アップルパイ

信州りんごをふんだんに用いた、一番人気のケーキ

信州ブルーベリージュース

こちらもずっと根強い人気を誇る。酸味のきいたほどよい甘さだ

万平ホテル

風がここちよく吹き抜けるカフェテラスでくつろぐひととき。季節によってメニューは変わる

すぐりのシャーベット

さわやかな味。すぐりのジャムをアイスクリームにかけてみたことから生まれた、万平ホテルならではの一品

アップルパイ

時代とともに好まれる味は変わるものだが、この30年ほどほぼ変わらないレシピで毎日作り続けてきたという、定番のケーキ

奈良ホテル

本館奥、庭に面したティーラウンジ。特等席のような、贅沢で静かな空間だ

4つのホテル競演…4 名物カクテル

富士屋ホテル

マウントフジ

バー「ヴィクトリア」は、かつてビリヤード場として使われてきた。広い空間の一角に高いカウンターが設けられている。「マウントフジ」は1937（昭和12）年に生まれたオリジナルカクテル。ジンベースでパイナップルジュース、シロップ、レモンジュースをシェイク、最後に卵白を泡立つように混ぜる。飲み口さわやかなカクテル F

日光金谷ホテル

Kanaya Hotel Special Old Style

大谷石の暖炉に炎が燃えさかる。バー「デイサイト」はまさに大人の隠れ家だ。ウォッカベースに、クアントロ、グレナデンシロップ、レモン汁を入れた「金谷ホテルスペシャル　オールドスタイル」は、炎のような赤が美しい。グラスの縁に砂糖をつけるスノースタイルで、ほの甘く味わう。特別メニューなので、注文でどうぞ

万平ホテル

霧の軽井沢

ネーミングの印象どおり、鮮やかなライトブルーに目を奪われる。30年以上前から人気の名物オリジナルカクテルだ。ウォッカベースに、クアントロ、レモンジュース、ブルーキュラソー。見た目にたがわず、さわやかな辛口。バーカウンターに座って、何時間でもくつろいでいたい。ホテルの中でも、ここには特別な時間が流れている

奈良ホテル

マントルピース

もとはリーディングルーム（図書応接室）だったというオールドファッションな「ザ・バー」。ずばり奈良ホテルのシンボルともいうべきマントルピース（暖炉の上の飾り棚）と名づけられたオリジナルカクテルは、アルマニャック、巨峰のリキュール、グランマニエ、ビターシャンパンでつくる、ほんのり甘めのお酒だ

第三章

泊まる

富士屋ホテル花御殿「桜の間」のキー。縦20センチあまりの大きさ。これは3代目、現役のもの

「桜の間」の〝夜の顔〟（右）と〝朝の顔〟（左）。昼間とは違う顔を持つ夜と朝を過ごすことで、その部屋に積み重ねられてきた歴史を感じ取ることができる

チェックインして、鍵を手渡される。

たとえば、富士屋ホテルの花御殿のような、昔ながらの大仰な鍵を手にすると、クラシックホテルに泊まる気分が、いやがうえにも盛り上がる。

花御殿は、客室にすべて花の名前を冠したことから命名された。いまは数字も併記されているが、かつては、英語の花の名前だけで統一されていた。桜はチェリー、藤はウィステリア、菊はクリサンティマム。昔の従業員から、それらを覚えるだけで大変だったと聞いたことがある。

客室の扉に描かれた花の絵と同じ花の絵が、巨大なキーホルダーに描かれている。初代のオリジナルは花御殿の廊下に、そして復刻されて使用された二代目はフロントに、それぞれ飾られていて、いまは三代目が現役として活躍している。

ホテルでも旅館でも部屋に鍵があるのが当り前の昨今だが、その昔、日本間の間仕切りがふすま一枚だった頃、部屋ごとに鍵がかかってプライバシーが守られるのは、ホテルならではの特権だった。だから、鍵には、ホテルがホテルであることの意味が込められている。最近は、カードキーを採用するところが増えたけれど、こうして昔ながらの美学が残るところもある。富士屋ホテルの鍵は実にクラシック。オートロックでさえない。でも、それが楽しい。花御殿に宿泊した客は、その大きな鍵を、どこか誇らしげに、じゃらじゃらと持ち歩く。

クラシックホテルに泊まる面白さは、第一に、そうしたディテールの妙を楽しむことだと思う。

部屋に案内されたら、まず荷物を置こう。一泊二日の身の回り品を入れたボストンバッグには不似合いに大きいトランクルームに驚くはずだ。

右頁：熱帯のコロニアルホテルが由来なのか、クラシックホテルには、ベッドルームとは別に、窓側に回廊がめぐらされたベランダコロニアルと呼ばれる空間のある客室がよくみられる。光の注ぐ明るいソファでうたた寝……なんて贅沢な時間だろう。上は富士屋ホテル本館2階のNo.50、下は同じくNo.45

明治から昭和初期にかけての時代、旅の移動手段は客船だった。ホテルに泊まる客の多くは、長い船旅でやって来た外国人。彼らは、ちょっとした箪笥ほどもある大型トランクに、山のようなドレスや帽子を詰めて旅をした。その名残りなのである。

そうした衣類を詰めるために、おおぶりのクローゼットや箪笥がある。家具には、美しい木彫りが施されているものが多い。桜など、日本の風物が彫り込まれた西洋家具は、日本のクラシックホテルならではの調度品といっていい。

東照宮のある日光は、江戸時代から木彫刻が盛んだった。いわゆる日光彫りである。明治時代、外国人が来るようになると、西洋家具に日光彫りを施す職人があらわれる。彼らの中には、やはり外国人が避暑に訪れる軽井沢に流れていく者もあった。そこで、誕生したのが軽井沢彫りである。

言うまでもなく、日光には、金谷ホテルがあり、軽井沢には万平ホテルがあった。そして、金谷ホテルの次男、山口正造を通して、伝統は、富士屋ホテルにも伝わったに違いない。そうした幾多の物語の秘められた箪笥が、部屋の一隅に置いてある。

次に、バスルームを覗いてみよう。クラシックホテルならではということで、期待したいのが、猫足のバスタブだ。

英語では、「クロウ・フット・バスタブ」と呼ぶ。クロウ（Claw）とは、猫や鷹などのかぎ爪のこと。言われてみると、確かに、猫足と言いながら、鷹の足に見えるものも多い。「かぎ爪足」ではわかりにくいので、少し意訳して「猫足」としたのか。

猫足のバスタブは、アンティークばかりでなく、いまも新品が普通に流通している。クラシックホテルが全面的にリニューアルされた時など、バスルームに採用されることも多い。世界を巡っていると、この数年、むしろリヴァイヴァルしている感がある。

ぴかぴかの猫足ではなく、
長い年月、大切にされてきた、
本物のアンティーク。

でも、日本のクラシックホテルに置かれているのは、ぴかぴかの猫足ではなく、長い年月、大切にされてきた、本物のアンティーク。出会える確率は必ずしも高くないが、それだけに感動がある。

部屋の中をひととおり探検したら、ソファに座って一休みしよう。見上げる天井の高さに改めて驚く。

ホテルというのは、ただ見るだけと、利用するのとでは、見えてくるものが全く違う。その代表格がスイミングプールで、だから、私は、旅には必ず水着を持参して、時間があればプールに入ることにしている。プールというのは、水の中に入ると、プールサイドにいるのとは全く違った視界が広がる。

客室も同じである。ソファに座る。ベッドに横になる。その視点からは、立っている時とは異なる風景が見える。

富士屋ホテルの、ジョン・レノン夫妻が泊まった「菊」のスイートルームに泊まったことがある。

天井が単に高いだけでなく、日本建築を思わせる欄間に見事な木彫刻が施されていて、圧倒される。でも、天井が本当に存在感を示すのは、ベッドから見上げた時であることを、私は、その時、初めて知ったのだった。

特に朝、目覚めた瞬間、最初に視界に入る天井に、びっくりすることと言ったらない。窓の外の風景でも何でもなく、天井が、まず目に入る位置にベッドがあるのだ。泊まった人だけが知る、特別な体験。家具や調度品は、時代に応じて少しずつ変化したけれど、ベッドの位置だけは、花御殿が竣工した時から変わらない。最初から、この部屋に仕組まれた仕掛けだったのかもしれない。

そして、滞在すると見えてくる部屋の風景として、夜の表情がある。

クラシックホテルの部屋は、夜がいい。窓の外が藍色の闇に包まれる頃、明かりを灯した中に浮かび上がるのは、昼間とは違う、暖色の淡い光に包まれた、もうひとつの顔だ。

そう、クラシックホテルに泊まることの本当の面白さは、日中には見ることのない顔を見ることだと思う。

私たちは、常套句のように、時を封印した館と、クラシックホテルを形容するけれど、本当に過去が甦ってくるようでぞくっとする体験は、たいてい夜か、もしくは、朝のホテルでのことである。

ディナーの時間が終わる頃、ひととき華やかなヴェールに包まれたホテルが、一転して静かになる。都心のホテルと異なり、リゾートのクラシックホテルでは、もうチェックインする客もなく、メインダイニングの最後のお客が引き上げると、ロビーは人影もまばらになる。

すると、昼間は、ざわめきのなかで、遠い物語でしかなかった過ぎ去った時間が、いまそこにあるものとして立ち上がってくる。脇役然としていた建物や調度品の存在が、とてつもなく大きなものに感じられる。そして、現在という時間軸にいる自分の存在が、小さなものに思えてくる。

もうずいぶん昔、富士屋ホテルとは登山電車の駅ひとつ、離れたところにある自宅に訪ねてきた友人を、夜遅くなってからホテルに案内して泊めたことがあった。

そもそもクラシックホテルに泊まること自体、初めてだった彼は、夜のホテルの存在感に圧倒されたと、後に語ってくれた。

ホテルに封印されているのは、幸せな時間。

もしかしたら、彼がそうであったように、夜のホテルは、少し怖いと思うかもしれない。でも、ホテルに潜んでいる過ぎ去った時間は、客人に対して、脅かしたり、悪さをする訳ではない。ただ、時を隔てて同じ空間を共有できる誰かの存在がうれしくて、その気配を際立たせるだけのことだ。

なぜなら、ホテルに封印されているのは、幸せな時間だから。たとえ戦争の時代であっても、少なくとも外の世界より安心できる、幸せな時間がそこに存在した。それがホテルというものなのである。

ホテルで育った母の息づかいが感じられるからだろうか、私にとって、過ぎ去った時間の気配を濃密に感じさせるクラシックホテルの夜は、どこか懐かしく、いとおしい時間でもある。そこであった物語を直接的に知らないホテルでも、そう感じることがある。

だから、人がみな寝静まった夜、部屋への帰り道、私は、ことさらに廊下をゆっくり歩き、階段を一歩ずつあがる。

日帰り客でも入れるパブリックスペースと宿泊客のためのレジデンスエリアの間、いわば結界に存在する廊下や階段が、素顔をあらわすのも、また夜のことだ。

クラシックホテルならではの空間として、時に無駄に広く、時に迷宮のような廊下と、表情豊かな階段がある。それらを好きな時間に、好きなだけ堪能できるのも、宿泊する者の特権だろう。

富士屋ホテルならば、フロント正面に主役然として佇む本館の階段がいい。正面から見れば端正な背景となり、宿泊客のエリアである二階から見下ろせば、個性的な表情を見せる。ホテルの中で一番好きな場所として、ここをあげたスタッフもいるくらい。ウェディングドレス姿の花嫁が記念撮影するシーンに遭遇することも多い。

本館の建造は明治時代。エレベーターなんかない、階段が建物の主役を張っていた時代のこと。だからこそ、階段は、堂々として威厳があるのだ。

奈良ホテルのフロント正面にある階段も、そうした時代のもの。贅沢に空間が使われていて、裾の長いドレスが似合う、ドラマティックな雰囲気がある。

金谷ホテルの本館、フロント裏からメインダイニングに上がる階段もいい。一階から見上げるとひっそりしているが、二階から見ると、一転して華やかな印象なのは、階段の手すりの上に載った、火の玉を思わせる赤いランプのせいだろうか。メインダイニングがロビーとして使われていた時代からここにあったというランプは、階段に不思議な存在感を与えている。

万平ホテルのアルプス館もフロント裏が階段になっている。ホテルの歴史を物語る「亀のステンドグラス」があるのがここ。それが階段をまた特別の場所にする。

主役を張らない階段もいい。

明治時代の建物でも、正面の階段と、従業員が主に使うような裏の階段がある。奈良ホテルもそうだし、富士屋ホテルもそう。泊まった部屋の位置で裏階段が近くなることも多いが、私は、気分で使い分ける。

昭和初期、富士屋ホテルの花御殿には、最新鋭のエレベーターがつけられた。だから階段はそもそもが脇役だった。でも、だからこその面白さがある。当時、豪華客船に使われた新素材であるリノリウムの、カラフルな幾何学模様が描かれた床材。しかも一階から二階、二階から三階、すべて模様が異なる。花御殿に泊まりながら、存在を知らないままチェックアウトしてしまう人も多い、秘密めいた空間がそこにある。

時に無駄に広く、時に迷宮のような廊下と、表情豊かな階段がある。

そして、幅の広い廊下は、何よりクラシックホテルらしさを象徴する。ハウステンボスのホテルヨーロッパは、クラシックホテルそのものではないけれど、その広い廊下に、エッセンスを上手く取り入れていると感心したことがある。その時、あ、似ていると思ったのが、奈良ホテルの廊下だ。優雅な階段を上がった先には、クラシックホテルのお手本のような広い廊下がある。

一方、迷宮めいた廊下の代表格が、富士屋ホテルの本館から西洋館を抜けて、フォレストロッジと花御殿に続くT字路までの長い回廊である。

歩く人が飽きることを見越してか、壁には歴史を彩ったＶＩＰの写真が貼ってある。見とれていると方向感覚が狂う。必ずといっていいほど、戸惑う宿泊客とすれ違う。富士屋ホテルで最も迷いやすい一角は、だからこそ、人がみな寝静まった夜、もうひとつの顔をそっと覗かせる。

微妙に湾曲しながら、建物に沿って続く廊下のその先に、誰かの気配を感じる。

金髪の少女は誰。一瞬、どきっとする。

でも、それは、メインダイニングの勤務を終えて社員寮に戻るポーランド人研修生であることに気づくのである。

⚜

そして、朝が来る。

太陽が昇り、日中の顔に戻るまでの朝のひとときも、クラシックホテルに泊まる面白さに満ちた時間である。

ある夏の朝、普段ならまだ起き出さないような早朝、たまたま富士屋ホテルのロビーで出会った情景は、忘れられない。

本館の階段を下りてゆくと、正面の回転扉から金色の朝日が差し込んでいた。長い年月磨き込まれて、年季の入った木の床の上に光が満ちる。でも、いっぱいの光にもかかわらず、ロビーに人影はなく、厳かなまでの静寂があった。

太陽の光は、日中と同じ、いやそれ以上に眩しいのに、夜中のホテルと同じく、時が止まっているような錯覚がある。フロントには、昨夜と同じ古顔のナイトマネージャーがひとり、彼自身も止まった時間の一部であるようにして佇んでいた。

クラシックホテルの物語を書くようになって、朝のホテルは、夜に比べて、より具体的に過去のある一瞬を思い起こさせることに気づくようになった。夜の闇は、過ぎ去った時間を水のように溶かして、気配として私たちを包み込むのだけれど、朝の光は、スポットライトのように鋭角的に、ある特定の過去を甦らせる。その意味で、夜よりも、ぞくっとする瞬間がある。

奈良ホテルの「桜の間」の片隅にある、南国風のエキゾティックな服装をした東洋人の胸像。太平洋戦争末期、日本占領下のマニラから、戦況の悪化に伴い亡命してきたフィリピンのラウレル大統領は、家族や側近と共に奈良ホテルで終戦を迎えた。その後、大統領は、マッカーサーの逮捕状により連行される。終戦の年の初秋、ある朝のことだった。

「桜の間」で、ラウレル大統領の胸像に気づく人はそもそも稀なのだけれど、その顔を見つめていると、連行された日の大統領に想いがおよぶことがある。アメリカで教育を受けた彼は、差し向けられたGHQの担当官と同じアイビーリーグの卒業生だった。ふたりは、逮捕直前、一杯のお茶を一緒に飲んだという。朝の「桜の間」に、ラウレル大統領と担当官の静かな時間が交錯する。

左頁：まるで中世の教会のように静かな、金谷ホテルのレジデンスエリア。上2点：新館の階段と廊下。下右：新館の客室「N35」の猫足バスタブ。下左：別館1階角部屋の窓辺

富士屋ホテルでは、太平洋戦争の開戦前夜、ルーズベルトとの秘密会談を画策する密使が宿泊したという逸話がある。カトリックの神父であった彼の宿泊を記録したレジスターブックは、なぜか失われていて、謎が謎を呼ぶ。歴史書を紐解いて浮かび上がった、表舞台から消された事実。密使が富士屋ホテルに到着したのは、開戦の年の夏の早朝であった。

光に溢れた早朝のフロントで甦ったのは、その神父の足跡だったのかもしれない。彼が滞在した時期、仙石原にあった山口正造の別荘には、近衛文麿首相が滞在していた。彼らの間に何があったのかはわからない。だが開戦阻止の一縷の希望は、数日後密使に届けられた、交渉中止を告げる一通の電報によって断ち切られる。

とっさに電文を走り書きしたのだろう、富士屋ホテルの朝食メニューにその写しが残されている。ワシントンからの打電を神父が受け取ったのは、朝だったのだ。

富士屋ホテルのメインダイニングは、ランチ、ディナー、それぞれに異なる表情をもつ。なかでも朝の時間の美しさを、ことさらに意識するようになったのは、この話を知ってからのように思う。

電文を読んだ神父は、思わず天を仰いだかもしれない。そう思ってメインダイニングの天井を見上げた時、壮麗な格天井に描かれた高山植物の絵が、朝の光の中で、ひときわ鮮やかに見えることに気づいたのだった。

⚜

ホテルを愛好する者にとって、朝という特別な時間と重なるホテルの朝食は、ひときわ大切な意味がある。旅館と異なり、朝食だけ楽しむのも可能なのがホテルの良さである。だから、私も朝食だけ食べに行ったり、連泊であったら、二泊目は、近隣の

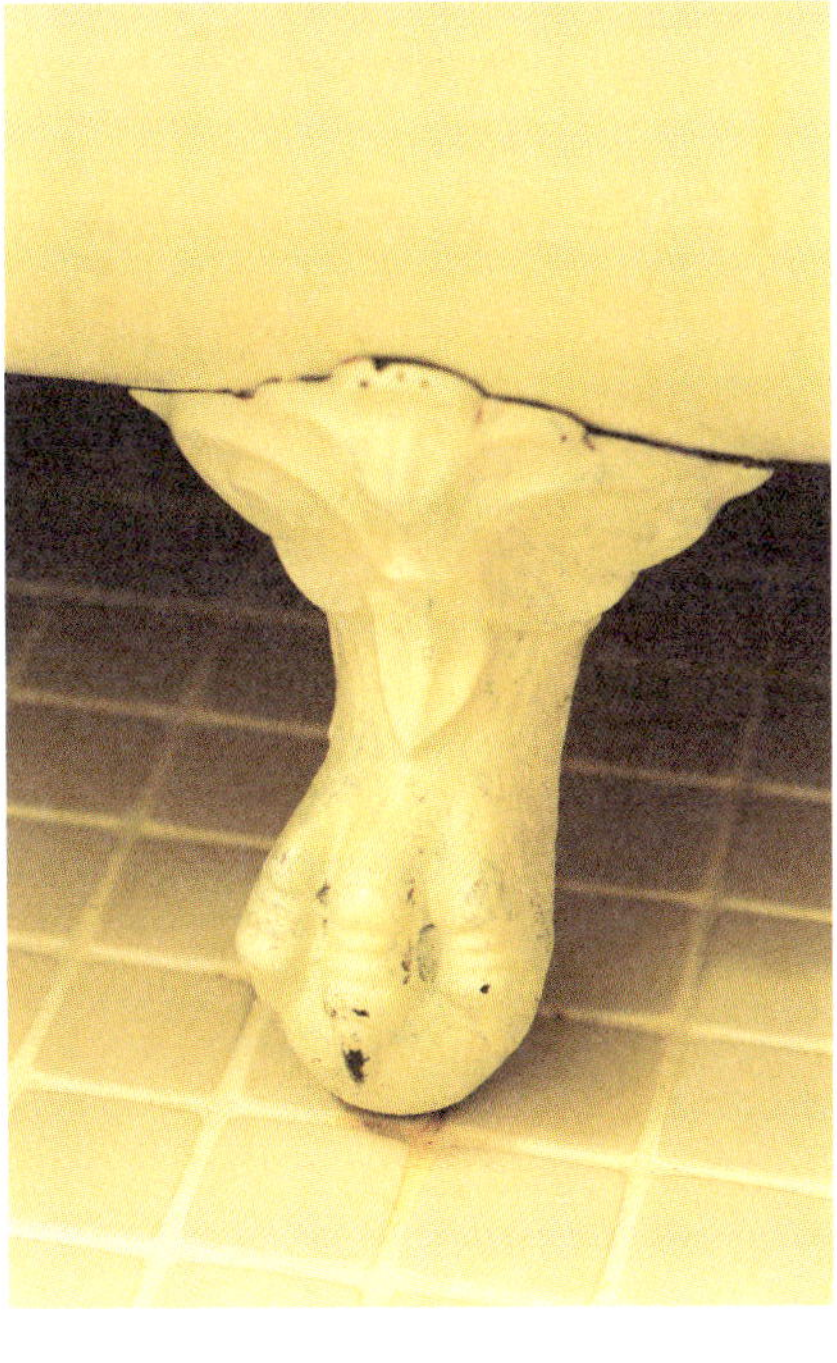

夜、ベランダに出て部屋を見ると、ガラス戸に山々の影や町の灯が映し出された。これもまた、夜を過ごすことで得られる予期せぬ美しい光景

ホテルに浮気したりすることがよくある。

朝食というのはどんなホテルでもすがすがしさを感じる時間だが、天井が高く、自然光を上手く取り込んでいるクラシックホテルのメインダイニングの朝は、特にいい。

そして、クラシックホテルの朝食には、朝食それ自体にも、時をこえて受け継がれている味とスタイルがある。

まず、世界的にブッフェスタイルの朝食が多くなっているなか、頑なに守られているテーブルサービス。ディナーと何ら変わらない丁寧さで出迎えられ、テーブルに案内される。メニューを選び、真っ白な糊のきいたリネンで整えられたテーブルで、注文を待つひとときの贅沢さ。たとえば、メインダイニングで天井を見上げる時間が生まれるのも、テーブルサービスのゆとりのなせる業だろう。

供されるのは、昔ながらのイングリッシュブレックファストだ。GHQに接収されていた時代の影響だろうか、アメリカンと表示されるホテルも多い。パンとコーヒー、ジュースだけのコンチネンタルとは対照的に、ジュース又はフルーツ、トースト、卵料理やパンケーキなどのメイン料理、コーヒー又は紅茶がつく、いわゆるフルブレックファストである。さらに、コーンフレーク又はオートミールなどのシリアルがつく場合もある。

クラシックホテルの朝食は、私にとって、懐かしい味のオンパレード。いつも何を注文しようか迷ってしまう。

まずは、祖父も好物だったオートミール。砂糖を多めにかけて温めた牛乳をかける。ときどき無性に食べたくなる一品だ。

祖父の朝食の定番は、カリカリに焼いたベーコンを添えた目玉焼きとトーストだっ

目覚めてカーテンを開けたら、朝日を受けて輝く日光連山が目の前にあった

た。表面をカリカリに焼くのはトーストも同じ。焼き方にはうるさくて、毎朝、厨房の入口の近くにあった業務用トースターの横に立って、焼き具合を見ていた。日本郵船のオーストラリア航路のパーサーとして勤務の後、富士屋ホテルに婿入りし、半世紀以上、ホテルマンとして生きた祖父は、正統派イングリッシュブレックファストの習慣を死ぬまで崩さなかった。

往年の紳士たちは、毎朝の卵料理にことさらのこだわりがあった。たとえばゆで卵を「何分茹でるか」などはその最たるもの。最近は、そういう注文をする人も少なくなったが、その昔は、標高で沸点が違うからと、冗談交じりに「このホテルの標高はどのくらいだい」と聞く人もあったとか。

帝国ホテルに建築家フランク・ロイド・ライトを招聘した総支配人の息子とは、生前、交流があったが、ニューヨーク在住であった彼がまた、「ファイブミニッツのゆで卵」にひとかたならぬこだわりのある人だった。

でも、私は、フレンチトーストかパンケーキを注文することが多い。かりっと油で揚げた富士屋風フレンチトーストと、ちょっと厚めのクレープといった感じの富士屋風パンケーキは、ホテルの中で育ち、家事全般に疎かった母が、唯一我が家で作ってくれた懐かしい味だからだ。

富士屋ホテル独自のレシピであるはずのパンケーキとよく似た味に、私は、思わぬところで出会ったことがある。南アフリカのケープタウンにあるクラシックホテルでのことだ。遠い昔、欧州を発祥とした味が、極東の日本と、アフリカの南の果てに流れ着き、時をこえて継承されたのだろうか。クラシックホテルの朝食メニューには、さまざまな物語が秘められている。

4つのホテル競演…5 朝ごはん

富士屋ホテル

アメリカンブレックファースト

メインダイニングルームで味わう、正統的朝ごはん。写真はプレーンオムレツとソーセージ。もちろん目玉焼き、スクランブル、ゆで卵、おとし卵、ハム、ベーコンなど各種から選べる。オムレツは好みでハム、チーズ、マッシュルームを入れても可。野菜たっぷりのスパニッシュオムレツが女性に人気F

日光金谷ホテル

ブレックファスト

卵料理各種と、ハム、ベーコン、辛口ソーセージから選ぶ正統的な朝食スタイル。つけあわせの温野菜も、楽しみの一つだ。写真はプレーンオムレツに、ほうれん草とさつまいものレモン煮。季節によって、じゃがいもやトマトにも変わる

右：焦げすぎず、白すぎず。お手本のような焼き具合！長年その役目を担ってきた係が、毎朝、注文を受けてからトースターの前に張りついて一枚一枚丁寧に焼くという。カリカリッとしたトーストの、なんておいしいこと。左：朝食はとくに、メインダイニングルームのテラス、窓辺のテーブルが特等席

万平ホテル

アメリカン・ブレックファスト

高原の朝食は、ゆっくりと緑を眺めながらどうぞ。写真はプレーンオムレツに肉厚で芳醇なハム。ジュースは、軽井沢らしく、りんごジュースや桃のジュースもお好みで選べる。オリジナルジャムも楽しみだ

奈良ホテル

茶粥定食

朝食は洋定食、和定食、茶粥定食の3種から選べるのが、奈良ホテルの特徴。まずは、奈良の朝といえば、やっぱり茶粥をいただいてみよう。胃にやさしい大和の茶粥で食欲増進。小鉢2品と焼き魚、焚き合わせと、盛りだくさんのおかずも、やさしい味わい

あのひとの愛したあの部屋へ

西洋館（1号館）89号室。1958（昭和33）年11月3日、皇太子妃となられる以前、正田美智子様が宿泊された。けっしてゴージャスではない、こぢんまりとした清楚な客室である。左頁：その滞在の際、ご両親と撮られた写真

美智子さま、ご決意の一夜

富士屋ホテル　一号館89・90号室、フォレストロッジ401・402号室

一九五八（昭和三十三）年十一月三日、秋のさなかの箱根、富士屋ホテルに滞在する美しい姉妹と品のいい夫妻の姿があった。その時、ひときわ美貌の輝く姉のもとに雑誌の記者が訪ねてきたのだが、ホテルの従業員は少し不思議に思った程度だったという。なぜならそのご一家、正田家は、長年ホテルの顧客であったから。日常のひとこまとして、ご一家の秋の休日は静かに過ぎていった。そうしたホテルの対応をわかっていたからこそ、正田家は、最後の家族会議の場として富士屋ホテルを選んだのかもしれない。

正田美智子さんが皇太子妃となることが記者発表されたのが、それから三週間余り後の十一月二十七日。当時食堂でサービスを担当した人から、それを知って、もっと上席のテーブルを差し上げればよかったと後悔したと、聞いたことがある。

もっとも、目立つことを嫌い、質素であることは正田家の家風であった。それを物語るのがご一家の滞在した客室だ。

西洋館とも呼ばれる一号館の89号、90号の続き部屋。少し広い90号室のほうにご両親が、89号室に美智子さまと妹さんが滞在した。美智子皇后ゆかりの部屋と聞いて期待すると、いささか拍子抜けするくらい、こぢんまりして簡素な部屋である。

その一号館から花御殿とフォレストロッジに続く廊下の壁に、その日の美智子さまとご両親を写した写真が飾ってある。撮影場所はホテルの庭と思われる。雨が降っていたのだろうか、富士屋ホテルの文字が入った大きな番傘をさして、微かに微笑む美智子さまの美しさが印象的だ。

〈もし、一緒になったとすれば、それは、たまたま、その方が私の結婚の理想に一致した人間として、地位とか、身分一切を別にして一致したのだから結婚したのだ、と思っていただきたい〉（週刊朝日一九九三年三月二十五日臨時増刊号）

追いかけてきた記者に、美智子さま

は真摯に語った。そして、目には一瞬、涙をためていたとか。写真はその後、撮影されたものである。

記者とのやりとりを経て、この時、美智子さまの心の中には、あるご決心が生まれていたのではないか。凛とした微笑に、すでに皇太子妃としての決意と高貴さを見るような気がするのである。

ご成婚後、皇太子妃となられた美智子さまは、あの日、結婚を決められた意中の方と、今度はお二人で富士屋ホテルを再訪されている。一九六四（昭和三十九）年一月二十五日、箱根・駒ヶ岳で開催された冬季国体のスケート競技に臨席されるためだった。冬の寒い日、ゆったりとしたフードのついたツイードのコートをお召しになった美智子さまは、輝くばかりに美しかった。

この時宿泊されたのは、一九六〇（昭和三十五）年に竣工した新館こと、フォレストロッジ。401号、402号室は、翌一九六五（昭和四十）年四月の昭和天皇皇后両陛下のご滞在にも利用された四階の客室である。

富士屋ホテルは皇太子ご夫妻（当時）を迎える緊張の中にも、長年顧客だった「正田家のお嬢さま」を迎える温かさをもって、若いお二人に接した。それを象徴するのが、食事をアラカルトメニューからお好きに選んでいただいたことだろう。

美智子さまは、冷たい肉料理の盛り合わせ、アソーテッド・コールドカッツやチョコレートナッツサンデーといった、いかにもクラシックホテルらしい料理を選ばれている。皇太子殿下も、なごやかな食事の雰囲気に食が進まれたのだろう、好物のカレーライスをお代わりされた。

翌朝も美智子さまは富士屋ホテルならではの一品を注文されている。「玉子入りオレンジジュース」、英語名「ブレックファスト・カクテル」。卵とオレンジなんて、奇異な組み合わせに思えるが、オレンジカルピスのような味でなかなかおいしい。富士屋ホテル名物のカクテル、「マウントフジ」も

上：フォレストロッジ401号室。皇太子妃となられた美智子様が1964（昭和39）年1月25日、隣室の402号室とともに滞在された。翌年には昭和天皇皇后両陛下もご宿泊された部屋。
左：昭和天皇ご滞在当時の客室の写真。
右頁上：来館された折の皇太子ご夫妻。ホテル正面玄関にて。
右頁下：美智子様がデザートに注文されたチョコレートナッツサンデー。チョコレートとアイスクリーム、ナッツが一緒になった食感が絶妙。甘くて冷たくて高貴な味。現在もティーラウンジ「オーキッド」で供している

卵を使っているが、そこからの発想だったのだろうか。古い顧客だからこそご存知だったメニューである。

ご成婚後ご実家への里帰りは、きわめて回数が少なかったという美智子さまにとって、富士屋ホテルでの一夜は、ひととき娘時代に戻った気分であったろうか。

時は流れて、二〇〇九（平成二十一）年の春、植樹祭のため、久しぶりに天皇皇后両陛下は箱根に滞在された。お泊りになったのは、警備上の理由から系列の湯本富士屋ホテルだった。しかし、登山電車にお乗りになり、宮ノ下にさしかかった時、陛下は説明を受けるまでもなく「富士屋ホテルですね」とおっしゃったという。あの冬の日のことを懐かしく思い出されたのだろう。そして、もちろん美智子皇后の胸にも、その時、さまざまな記憶が去来されていたに違いない。

プリンス・エドワードのやんちゃな休日

奈良ホテル インペリアルスイート

　一九二二（大正十一）年の四月から五月にかけて、日本を熱狂させたのが、英国皇太子、後のエドワード八世の来日だった。

　前年に日本の皇太子、後の昭和天皇が訪英したことを受けて返礼としての訪問。軍艦リナウン号が横浜に入港したのは、四月十二日の朝だった。当時の新聞は、上空に飛行機が飛びかい、落下傘の妙技を披露するという、華やかな歓迎ぶりを伝えている。

　美男子でプレイボーイ、当時「世界で最も魅力的な独身男性」と称されていたエドワード皇太子。恋多き王子はやがて、人妻であったアメリカ人、ウォリス・シンプソン夫人と恋に落ち、「王冠をかけた恋」と言われることになる。結局、即位後一年足らずで退位、戴冠しないまま王位を退いた王となった。その後、期せずして王位につくことになったのが、映画『英国王のスピーチ』の主人公、弟のジョージ六世である。

　皇太子は東京滞在の後、箱根や日光を訪れ、その後関西に足を延ばしている。東京で赤坂離宮に滞在したほか、箱根では岩崎家別邸、日光では田母沢御用邸、京都では京都御所と、実はほとんどホテルには泊まっていない。箱根では宮ノ下御用邸に滞在中の昭和天皇（当時は皇太子）を訪ねた時、撮影された富士屋ホテルの番傘をさしたお茶目な写真があるが、ホテルに泊まった訳ではなかった。その中で唯一滞在したのが、奈良ホテルだった。

　奈良に到着したのは五月四日の午前中。新聞報道によれば、昼食後、着替えて出向いた先は奈良女子高等師範のテニスコート。随員とひとしきりテニスを楽しんだという。箱根滞在中も富士屋ホテルに出向いてはテニスや水泳を楽しんだと記録にある。昭和天皇とゴルフを一緒にプレイされ、・打差でエドワード皇太子が勝ったとか。プレイボーイの皇太子は、またスポーツ好

本館2階インペリアルスイートのベッドルーム。格天井に御簾、正倉院文様の宝相華をデザインした重厚な絨毯。国内外の賓客を迎えてきた特別な部屋だ N

右：エドワード皇太子が滞在した当時をしのぶ、貴賓室の写真。左：貴賓室の一角の暖炉は、いまも形を変えずに圧倒的な存在感を示している。
左頁：本館1階のロビー（元「桜の間」）の高い窓から眺める中庭。時代は移ろっても、奈良ホテルらしい、この静寂な時間と趣きは変わらない

きでもあったのだ。

奈良ホテルで宿泊した貴賓室は、現在のインペリアルスイート。いまなお皇室や国賓に提供される特別の部屋だ。警備上の理由からほとんど一般に公開されないその部屋は、バスルームを改装したくらいで、創業時からの面影を色濃く残す異空間である。奥がベッドルームで手前がリビングルーム。和風のアンティークな調度品がいかにも古都のクラシックホテルらしい。

四日の夜は三千八百名の提灯による人文字で若草山に「WELCOME」と描き、来訪を祝賀した。エドワード皇太子は貴賓室の窓からこれを見学したという。

夕食のデザートにも趣向が凝らされた。ケーキに細工がしてあって、給仕がポンと手を叩くと白い鳩が飛び出す仕掛けである。これには、たいそう喜んで、お褒めの言葉があったとか。

奈良ホテルでは、戦後も現在の天皇皇后、皇太子夫妻、秋篠宮夫妻が、結婚のご報告に御陵参拝された時、凝った趣向のケーキでお迎えしてきたが、そのルーツなのかもしれない。

翌五日は、朝再びテニスをした後、大仏見学に出かけた。心ゆくまで楽しんだ古都の休日。だが後の人生を思わせる自由奔放なプリンスの気質に、周囲は翻弄されたところもあったようだ。

〈庶民的でフランクに行動されるプリンスは、窮屈なスケジュールや警備陣のものものしさを嫌い、時々雲隠れしては周辺を慌てさせました。奈良ホテルからも姿を消され大騒ぎをしましたが、餅飯殿の元林院へ曲がる所にあった散髪屋の前で見つけられました。人力車で春日奥山を周遊中には、側近の一人を車に乗せ、自身で引っ張って梶棒を折ってしまったという事もあったようです〉（『百年のホテル　奈良ホテル物語100周年記念特別号』より）

いや、なかなかのやんちゃぶりであ

る。箱根でお世話をした富士屋ホテルの山口正造は、いち早くエドワード皇太子のそうした気質を見抜いて、自ら悪戯の片棒を担いだ。御用邸に行く時、従業員が通る裏道を案内して、待っていた昭和天皇をびっくりさせたというエピソードだ。

一方、振り回されて憤慨したと伝えられるのは、森鷗外である。

その頃、帝室博物館（現・国立博物館）の総長の職にあった鷗外は、エドワード皇太子に正倉院を案内するため、奈良に出向いた。ところが皇太子は五分か十分くらいで帰ってしまった。テニスに興じたり、人力車を引っ張ってみたり、アクティブな皇太子にとって、正倉院の文物はいささか退屈だったのかもしれない。

森鷗外はこの直後、同年七月に亡くなっている。最後の大仕事と思い、奈良にまで出かけたのだろう文豪の気持ちを思うと、同情したくなる。

アインシュタイン博士が綴った日本の美徳

金谷ホテル 本館15号室

一九二二（大正十一）年十一月、アルベルト・アインシュタインがノーベル物理学賞受賞の知らせを聞いたのは、マルセイユから日本に向かう船上でのこと。改造社という出版社の招きによる講演旅行の途上だった。

当時、一世風靡していた漫画家が岡本太郎の父親、岡本一平である。一平はアインシュタインの日本滞在に同行して、多くのユーモラスなイラストを描いている。アインシュタインの来日は、単なる科学者の来訪にとどまらず、大正デモクラシーの日本に大きな影響を与えた「事件」だった。岡本一平が、安来節、女の洋服、市松模様などと共に、この年の「流行もの十七種」のひとつにあげているほど。人々は「相対性」を「アイタイセイ」と読み、相対性理論を勝手に恋愛になぞらえたという。

アインシュタインは神戸に上陸の後、東京、仙台と講演を続けた。そして、十二月四日、ひとときの休息のため到着したのが日光金谷ホテルだった。夫人と共にチェックインしたのが、本館の15号室である。

明けて五日の朝、初冬の日光は晴れていた。アインシュタインは中禅寺湖に出かける。同行したのは、岡本一平と、日本での案内役で国際連盟の仕事に携わっていた海外通の稲垣守克。ところが天候は急変し、吹雪になってしまう。

〈9時ごろ、標高1300メートルにある中禅寺湖に向けて出発する。登山地点まで車で行く。美しい森を抜けて登っていった。そこから見える山々、峡谷、平地はすばらしい眺めだ。頂上では激しい吹雪に見舞われて寒く感じた。吹雪はわれわれが下山するまでつづいた。わらじをはいた岡本はかなり気の毒だが、彼はつねにユーモアたっぷりで、ひょうきんである〉（『アインシュタイン 日本で相対論を語る』十二月五日の日記より抜粋）

一行が登ったのは、現在はロープウェイがかかっている明智平の展望台だろうか。途中まで乗ったのは、一九一

角部屋、
されてモダンな客室に生まれ変わ
った

窓からは、別館のたたずまいと、
日光連山を見渡せる。眼下には大
谷川が流れる

15号室の照明はフランク・ロイド・ライトのデザイン。ライトはアインシュタインが東京で滞在した帝国ホテルの建築家。この縁続きを楽しむのも一興

六（大正五）年に設立された金谷ホテル運営の日光自動車の車に違いない。

創業者の善一郎は隠居し、ホテルは長男の眞一が跡を継いでいた。瓜二つの弟、正造が婿入りした箱根の富士屋ホテルでも、同じ頃同じように自動車会社を設立していた。兄弟はそれぞれのホテルを盛り立てただけではなく、ホテル業界においても重要な人物になっていた。この年（一九二二年）の六月、正造は富士屋ホテルの責任者を務めながら、帝国ホテルの総支配人に抜擢され、眞一も取締役に就任している。

帝国ホテルでは建築家フランク・ロイド・ライトを招聘して、いわゆるライト館が建設されていた頃のことだ。正造の前任者だった林愛作は、ライトを日本に招聘した総支配人である。ところが、天才肌のライトは、理想を実現するために工費を膨れ上がらせ、工期も遅れていた。林愛作の退任の裏には、その問題があったらしい。

アインシュタインが東京で宿泊したのが、その帝国ホテルのライト館だった。

竣工は翌一九二三（大正十二）年の九月だが、完成した客室棟はすでに使われていた。ノーベル賞の受賞が決まったばかりの稀代の物理学者の来訪である。真っ先に、真新しい客室を用意したのだろう。

彼を東京でもてなしたのは、弟の正造だったのである。

後にアインシュタインは正造宛てに、帝国ホテルでの歓待を感謝する手紙を送っている。このエピソードが、後に富士屋ホテルでちょっとした誤解を生んだ。アインシュタインは富士屋ホテルに泊まった、という勘違いである。彼は、確かに富士屋ホテルの山口正造に礼状を書いたけれど、正造はまた帝国ホテルの総支配人でもあったのだ。

日光から東京を経て、次の目的地、名古屋に向かう列車の中で、アインシュタインは金谷ホテルの便箋を使い「日本に於ける私の印象」という随筆

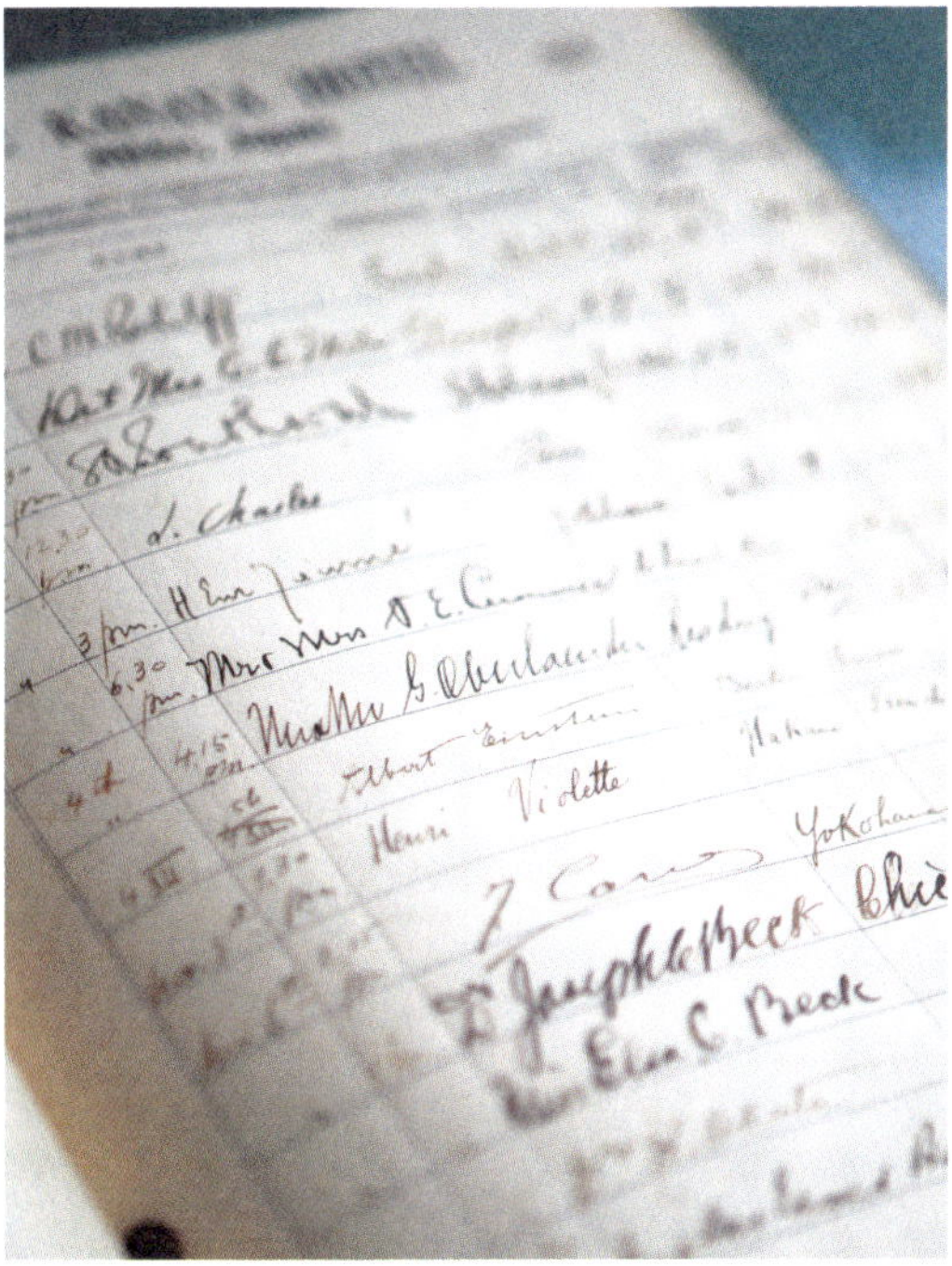

上：1922（大正11）年当時のレジスターブック。12月4日の欄に「Albert Einstein」という繊細な文字の自筆サインが残されている。右上：金谷ホテルの便箋。レターヘッドのデザインは時代とともに変わっている。右下：明治末期、客室に置かれた文箱。大谷川に架かる神橋がモチーフ

を書いた。

〈日本には、われわれの国よりも、人と人とがもっと容易に親しくなれるひとつの理由があります。それは、みずからの感情や憎悪をあらわにしないで、どんな状況下でも落ち着いて、ことをそのままに保とうとするといった日本特有の伝統があるのです〉（前掲書より）

その指摘が、いまも海外から賞賛される日本の美徳であることに驚く。

兄弟でもてなしたアインシュタインの来日。帝国ホテルのライト館は取り壊されて、もう滞在した部屋を見ることはできないけれど、金谷ホテルではいまも彼の部屋、本館の15号室が、現役で使われている。いったんは取り壊され、一時期非常階段の一部になったこともあったが、近年の耐震工事の際、再び客室として甦らせた。日本を愛したアインシュタインの記憶を語り継ぐために。

ジョンとヨーコの幸せな夏

万平ホテル アルプス館128号室

一九八〇年十二月八日、ニューヨークの自宅アパート、ダコタ・ハウス前で、ジョン・レノンは射殺された。

享年四十。世界中に旋風を巻き起こしたビートルズの解散から十年、音楽活動を休止し、主夫として妻オノ・ヨーコと息子ショーンとの静かな時間を過ごすようになって五年。わずか一ヶ月前にヨーコとの共作アルバム「ダブル・ファンタジー」を発表したばかり。突然の若すぎる死だった。

もしあの日、その人生に終止符が打たれなかったなら、翌年の三月に彼のもとを訪ねる計画だったと、当時万平ホテルの経営者として親しかった佐藤泰春さんは言う。そして、ジョンは軽井沢を愛し続け、第二のA・C・ショー（明治時代、軽井沢を発見した宣教師）になっていたはずと、残念がる。三十年余りの年月が流れ、すべてが遠い思い出になってしまったいまも、ホテルにチェックインした時に握手した、やわらかな手の感触は忘れないと語る。

ジョン・レノン一家が初めて軽井沢の万平ホテルでひと夏を過ごしたのは、一九七六（昭和五十一）年のことだ。その年のゴールデンウィーク、ヨーコの母、小野磯子さんが佐藤さんを訪ねてきた。小野家の別荘は、万平ホテルから歩いて五分の距離にある。いわば、お隣同士の仲だった。

用件は、「婿」家族がひと夏、軽井沢で過ごしたいというのでよろしく、という話だった。そう、婿とはジョン・レノンのことである。

こうしてジョンは、軽井沢の万平ホテルにやって来た。アルプス館の建物を見上げ、故郷イギリスのインみたいで懐かしいと感激した。実際のアルプス館は、信州佐久の養蚕農家をモデルにした建物なのだが、ジョンは何か運命的なつながりを感じたのかもしれない。以来、軽井沢をすっかり気に入って、第二の故郷と思うようになった。

ジョンとヨーコは一九六六年にロン

ジョン・レノン一家が夏を過ごした128号室は、アルプス館2階中央の客室。部屋の中に部屋を設けた独特のつくりは、万平ホテルならではのスタイル

128号室のバスルームには、猫足バスタブが置かれている。クラシックホテルには、やはりこれが似合う。右は軽井沢彫りが施された、木製のクラシカルなキー

ドンで出会い、六九年にイギリス領のジブラルタルで結婚した。平和をアピールして行ったパフォーマンス「ベッド・イン」は世界の注目を集めた。強烈な個性をもった年上の東洋人前衛芸術家オノ・ヨーコは、ビートルズファンの間では、時にビートルズ解散の遠因として、あるいは魔女めいた女性として評されたのだった。

しかしヨーコには、安田財閥の創始者を曾祖父とする上流階級の令嬢という、もうひとつの顔があった。いかにも昔のセレブらしい、きれいな日本語を話す女性だと佐藤さんは語る。前衛芸術家のオノ・ヨーコは、軽井沢社交界の住人、小野洋子でもあったのだ。

そのつながりが、ジョンと日本のクラシックホテルを結びつけたのだろう。この頃一家は、箱根の富士屋ホテルにも宿泊している。ヨーコの育った日本のハイソサエティのライフスタイルとジョンの故郷イギリスの原風景は、どこか共通するところがあったのかもしれない。

一九七六年からの四年間、毎夏、ジョンの一家が滞在したのは、アルプス館の128号室だった。障子の仕切りでベッドルームを区切り、外側にリビングルームを配した独特の間取りは、万平ホテルらしさを印象づけるものである。小野家の別荘で過ごすことも多かったが、ヨーコの弟家族が滞在していたことから、プライバシーの保てる場所として、ホテルに部屋を確保したのだ。

ジョン・レノンの軽井沢というと、足しげく通い、東屋で昼寝をしたという喫茶店「離山房」、フランスパンを買いに行った「フランスベーカリー」などが有名だ。いずれも万平ホテルからはサイクリングにちょうどいい距離。ジョンは、籐で編んだカゴをつけた自転車で出かけていた。

ジョンの印象といえば、もの静かな

上：ウスイ館の廊下にかかげてある、ジョン・レノン一家の写真とサイン（複製）。写真は、お気に入りだった128号室の窓辺で撮影されたもの。左上：128号室にすえられた重厚な箪笥。見事な軽井沢彫りだ。左下：ジョン・レノンが所望して生まれたロイヤルミルクティー。カフェテラスで味わえる

人だったと佐藤さんは語る。ジーンズ、Tシャツ、ゴム草履というラフなスタイルでふらりとロビーに下りてきては、「カフェテラス」でロイヤルミルクティーを注文する。そう、万平ホテルでのお気に入りといえば、何といってもこれだった。ジョン直伝の味は、いまも「カフェテラス」の定番である。

佐藤さんによれば、旧三笠ホテル伝来のカレーも好物だったという。たまにメインダイニングで夕食をとる時には、イギリス人らしく、スモークサーモン、ローストビーフなどを注文していたそうだ。

そして、もうひとつ、赤とんぼを捕まえるのが上手だったのも印象に残っているという。何より彼は、息子ショーンのいい父親だったのだ。次の夏も軽井沢に来て、ショーンと赤とんぼを捕まえるはずだったのに。しかし、ジョンの幸せな軽井沢の夏は、永遠に失われてしまった。

万平ホテル128号室、ベッドルームから窓の外を眺める。すりガラスや木製の桟ひとつひとつに、往時の丁寧な手仕事やモダン感覚があらわれている

第四章

旅する乙女の処方箋

龍宮城のような浴室に、なまめかしき姿のマーメード。富士屋ホテルの貸切温泉風呂にて

♣ドレスコードは生きている？

旅の支度をする時、母には口癖があった。

「夜のお洋服は入れたの？」

それは、たとえば、レースやフリルがついたワンピースで、やはり母が言うところの「ドレッシィ」なデザインの、ピアノの発表会に着るようなよそいきの服をさすのだが、母は、もっぱらそれを「夜のお洋服」と呼んでいた。内外のホテルに行くことの多かった我が家では、つねづねディナーに着る服だったからだろう。

灯ともし頃、しっとりと暮れゆく花御殿

西洋のマナーでは、時間帯によるドレスコードの違いがある。男性の正装ならモーニングは昼の服で、タキシードは夜の服、女性ならば、昼は露出の少ないアフタヌーンドレス、夜は肌を見せるイブニングドレスといったきまりだ。昼間からタキシードやイブニングドレスで装うのは、お洒落をしないよりもマナー違反とされる。日本人は、洋服のセンスもよく、みんな概してお洒落だけれど、時間帯によるドレスコードの違いが、感覚的に身についている人は少ないように思う。昼間からきれいに着飾っている割には、夜になっても同じ服だったりする。

　だが、ホテルで育った母には、この感覚が体に染みついていた。だからこそ「夜のお洋服」だったのだ。

　ディナーの前にはシャワーを浴びて、夜の服に着替えることでスイッチを切り替える。昼の服装のままディナーに出るのは、はしたないことと、母は思っていた。

　旅先のホテルで、イブニングドレスを着ることはなかったけれど、和服も含め、着るものはすべて「昼の服」と「夜の服」を区別していた。夜にふさわしいのは、光沢のある素材。和服ならば綸子、洋服ならばタイシルクが、旅先でお気に入りの素材だった。特にタイシルクは東南アジアを旅した後、これだと思ったらしく、愛用していた。

　ホテルでの服装といえば、母の友人から、昔は幼い子でもホテルに行くときの服装があったと聞いたことがある。母とその友人は、三十代の頃、ともに駆け出しの旅行作家同士で、同じような環境で育った者同士だった。

　いつも素敵な帽子をかぶって、お洒落で、優雅で、好奇心いっぱいに冒険旅行もするけれど、どこにいっても女性らしく、気品高い淑女。母も元気であれば、彼女のように年を重ねていたのだろうかと思う。

　彼女の幼少時代にも、母がそうであったようにホテルの原体験があった。昭和十年代、シンガポールで暮らしていた彼女にとってのホテルとは、ラッフルズであった。

「ホテルに行くときは、白いオーガンジーのワンピースを着るのよ」

　そう言って見せてくれた写真には、小さな淑女のすまし顔が写っていた。白いオーガンジーのワンピースは、熱帯のイギリス植民地では、少女の正装だったのである。

　太平洋戦争開戦前夜、そうした時代であったからこそ、ことさらに、日本人が現地の社交界に受け入れられるに

ドレスアップして昇降したい、荘厳な大階段N

は、それなりの服装やマナーが必要だった。そのことに彼女の父は特に厳しかったという。

でも、ドレスアップして出かけるラッフルズホテルは、決して窮屈で嫌な思い出ではなく、好ましい記憶としていまも彼女の中にある。一九七〇年代、日本人が海外旅行に行き始めた頃、旅行作家を志した母と友人の背中を押したのは、何よりもそのホテル体験であったと、いまあらためて思う。

気持ちだけでも「夜のお洋服」に。

だが、こうしたドレスコードは、母の時代に比べて、最近は格段にゆるくなった。これは日本に限らず世界的な傾向だ。

どこでもTシャツとジーンズ、スニーカーで旅をするアメリカ人が世界を席巻したからと言う人もいる。だが、昔の映画を見ればわかるように、一九五〇年代、六〇年代のアメリカ人はスーツやワンピースできちんとお洒落して旅をした。母の時代、日本人も西洋のドレスコードなんて知らなくても、新婚旅行にはスーツを着て帽子を被り、手袋をはめるのが流行した。そう、服装のカジュアル化は、何よりも時代の変化なのである。

最近のホテルでよく耳にするドレスコードは「スマートカジュアル」だ。これは、きれいめのカジュアルウェアといったニュアンスで、男性ならば襟付きのシャツ（Tシャツは NGということ）と長ズボン（短パンはNGということ）であればOK。どこであろうと、ホテルの服装は、おおむね「スマートカジュアル」さえ守っていれば問題ない。

男性がジャケットとネクタイを求められるレストランなんて、最近は本当に少なくなった。クラシックホテルでも、その昔はメインダイニングはジャケット着用でない男性は入れず、それでも入ろうとした客にメートル・ド・テルが自分の黒いジャケットを脱いで着せた、などという伝説がまことしやかに語られるほどだった。でもいまは、そんな厳格なルールはすっかり昔話になりつつある。

しかし、だからといって、古き良き時代と同じ空間、同じ雰囲気のなか、同じ料理をサービスされる場所で、どんな服装でもかまわないのだろうか。クラシックホテルに行く時に服装はどうすればいいのか、という質問をよく受ける。

基本的には、ホテルである、ということを意識していれば大丈夫だと思う。つまり、旅館ではないのだから、浴衣、スリッパでメインダイニングをはじめとするパブリックスペースに出てはいけないということ。これには、廊下も含まれる。ただし、大浴場やスパなどに浴衣やバスローブで行く場合だけはOKである。この場合も、ロビーなど人が多く集まるところは通らないようにするのが礼儀。その動線を、チェックインの時に確認しておくといい。

昔よりドレスコードがゆるくなったとはいうものの、時間帯によって服装を変える感覚は、いまもいいホテル、特にリゾートには残っているように思う。昼間は水着にTシャツ、短パンでくつろいでいた人たちが、日が暮れると、部屋に戻ってリゾートらしい夜の装いに着替えてくる。母が言うところの「夜のお洋服」である。そして、ディナータイムとなる。

クラシックホテルでも、朝食やランチは、あまり気をつかう必要はない。リゾートや観光地であれば、歩きやすい、動きやすい格好になるだろうが、最低限こぎれいであれば、かまわないだろう。もっとも、日帰りでホテルのランチを目的にして出かける場合は、あえてドレスダウンする必要はない。女性にとって、お洒落は自分を浮き立たせる意味もあるのだから。

そして、ディナーの時は、気持ちだけでも「夜のお洋服」に着替えよう。たとえば、昼と同じセーターであっても、少し派手目のアクセサリーをつけるとか、ちょっと華やかなショールを羽織るとか。気分だけでも夜のモードに切り替えたい。

もちろん、クラシックホテルのディナーをお洒落のできる場面として積極的に活用するのは、より楽しむ方法であることは言うまでもない。いまは、昔のようなルールではないけれど、歴史や伝統へのリスペクトとして、そして、クラシックホテルという空間を、何より自分自身がより楽しむためにお洒落するのは、いいことだと思う。カジュアルな服装の人が、ことさらに差別されることはないけれど、でも、メインダイニングの雰囲気にふさわしい装いのゲストに対して、ホテルのスタッフがより丁寧になる、ということはあるかもしれない。

ドレスコードがゆるくなったといわれるいま、なおそのルールが生きているクルーズの旅に人気があるのは、お洒落のできる機会として楽しむ人たちが多いからだろう。クラシックホテルも、そうした場として楽しんでもらえばいいと思う。

♣ロシア式サービスを楽しんで。

昔と違い、いまはナイフ、フォークの使い方に戸惑う人もいないと思うが、でも、クラシックホテルならではのスタイルやアイテムもある。

まずは、ロシア式サービス。大皿の料理をもってきて、テーブルサイドでお客に取り分ける、もしくは、お客に

高原リゾートの華やぎを伝えるステンドグラス

取ってもらうサービスの仕方だ。

一九七〇年代頃までは、どこのクラシックホテルでもこのスタイルが当たり前だった。私が懐かしいのは、四角い銀器に三種類、縦に並べて運ばれてくる野菜のつけあわせだ。ロシア式サービスは、自分で取り分けるのが基本だから、好きな野菜だけ多めにとることもできる。緑の野菜が一種類と、ポテトが一種類、にんじんのグラッセなどがもう一種類。三色旗のように並んだ野菜は、日替わりで、メイン料理よりも楽しみだった。

残念ながら、いまではつけあわせの野菜は盛り込んで運ばれるようになったが、それでもクラシックホテルには、ロシア式サービスの生きているものがある。

その代表格がスープだ。

スープはフランス料理の基本であり、だからこそ、クラシックホテルはその味にこだわってきた。しかし、フランス料理に日本の懐石料理に影響されたヌーベル・クイジーヌが登場してから、古めかしい料理であるスープは、コース料理から姿を消すようになった。でも、クラシックホテルでは、いまもぜひ味わいたい一品であることに変わりない。そのスープがサービスされるスタイルが、ロシア式サービスなのである。

大きな銀器に入って運ばれたスープをレードルと呼ぶ銀のおたまですくってスープ皿に入れる。本来、お客が自分ですくうのだが、最近は戸惑う人も多いのか、黙っているとサービスしてくれる。でも、せっかくなら自分でやってみるといい。たっぷりめに二杯、というのが標準的なよそい方。でも私は、いつも最後に少しだけ三杯めを入れる。野菜と同じで、好きなものを好きなだけよそえるのがロシア式サービ

明治の昔から光を点している電気スタンド

スの良さである。

もうひとつ、クラシックホテルならではのアイテムとして、フィンガーボールがある。食事の最後、小さな銀のボールに入れて運ばれる水がそう。言うまでもなく、この水は飲んではいけない。指先を洗うものだ。

フィンガーボールには、テーブルマナーとは何かを語る、定番のたとえ話がある。ある偉い人が、遠い異国から客人を招いた。その客人はフィンガーボールの水を飲んでしまった。招いた偉い人はそこで動じず、同じようにフィンガーボールの水を飲んだという。そう、客人に恥をかかせないために。

テーブルマナーには、数々のルールがあるが、すべては気持ちよく食事をするため。だから、何かわからないことがあったら聞いてみるといい。

クラシックホテルのスタッフは、生き字引のような年配の人もいるけれど、そのホテルに惚れ込んで入社した若い人も多いのが最近の特徴。どちらにしても、ホテルの歴史と伝統に誇りをもって働いている。そんな彼らは、客からホテルのことについて聞かれるのがうれしくてたまらない。そうしてホテルのスタッフと仲良くなるのが、滞在を快適に楽しむコツともいえる。思いがけないホテルの裏話や、とっておきのポイントなどを教えてくれるかもしれない。

小さな淑女、小さな紳士。

家族旅行をクラシックホテルで、という相談を受けることも多い。子供連れの場合は、どうしたらいいのか、と。

気になるのはメインダイニングでのディナーだと思う。

よくファミリーレストランなどで、子供が店内を走り回って大騒ぎしていることがある。そういう状況になるのがわかっている子は、クラシックホテルのディナーには同席させないのが無難。せっかくの雰囲気を壊してしまい、まわりに迷惑である。

しかしだからといって一概に子供は駄目、ということではない。ちゃんと座って食事ができれば問題ない。むしろテーブルマナーを教えながら、クラシックホテルのディナーを体験させることは、大人への第一歩として意味があると思う。

私が初めてホテルのディナーのテーブルについたのは、いつだったか。覚えていないということは、ものごころつく前ということになる。小学生の頃には自分でメニューを選んで、大人と同じ食事をしていた。

初めて大人扱いされて嬉しかった思い出がある。母とアメリカに旅した小学校五年の夏のことだ。どこのホテルだったか、黒服のメートル・ド・テルが女性客にだけ赤いバラをプレゼントしてくれるレストランがあった。

メートル・ド・テルは、「グッドイブニング、マダム」と言って、母にまずバラを一輪渡した。そして、私にも「グッドイブニング、ヤングレディ」と言って、バラを渡してくれたのである。

その瞬間、すっと背筋が伸びたような感じがしたことを覚えている。私は「夜のお洋服」である白いワンピースを着ていた。

「サンキュー」と微笑むと、隣で母が、私以上に嬉しそうな顔をしていた。母も娘が大人になったことを、感慨深く実感していたのかもしれない。

そのことを懐かしく思い出したのは、北イタリアのコモ湖畔にあるヴィラ・セルヴェローニというクラシックホテルでのことだった。天井の高さといい、ホテルで働く人の雰囲気といい、何のつながりもないはずなのに、富士屋ホテルによく似ていた。

同じコモ湖畔には、ヴィラ・デステという有名なホテルがあって、アメリカ人や日本人には、こちらのほうがずっと有名である。でも、何世代にもわたって贔屓にしているようなイタリア人家族が滞在しているヴィラ・セルヴェローニの雰囲気が私は好きだった。かつて、同じように、決まった顔ぶれの家族連れが過ごした富士屋ホテルの夏を思わせたから。いつも忙しそうにしている総支配人はホテルの近くに住んでいるらしく、夕方になると夜用のフォーマルなジャケットに着替えて再登場する。その様子も、かつての祖父の姿を思わせた。

メインダイニングは、湖に面した眺めのいいテラスだった。夏の北イタリアは、ディナーの時間でもまだ明るい。長期滞在する人が多いのだろう、おなじみの顔ぶれが毎夜、テーブルに着く。いつも分厚い本を持参して一人で夕食をとる老紳士がいる。そして、両親とテーブルを囲む、当時の私くらいの年格好の少年がいた。ジャケットで正装した小さな大人のような彼の様子を見たとき、ふいに「ヤングレディ」と言われた日のことを思い出した。

そうした体験ができる場所は、クラシックホテルしかない。

♣一人でも大丈夫。堂々としよう。

では、一人旅はどうだろうか。メインダイニングで一人で食事をするのは、マナーとして大丈夫なのだろうか。

母の時代、いまより厳格だったマナーとして、正式な場所には女性一人で行ってはいけないということがあった。いまでもイスラム圏では、父親や夫のエスコートがないと女性の行動は制限されるが、その昔は西欧でも女性は男性にエスコートされるもの、という風潮が強かったのである。

当時の母のものさしによれば、ホテルのレストランはある程度許されるけれど、ディナーダンスが行われる場所では、エスコートする男性が必要と考えていた。

でも、一人旅だったらどうするのか。

旅行専門誌のインタビューに、母は「現地で男性をチャーター致しましょう」と答えている。

男性は飛行機じゃないんだから。思わず苦笑してしまう発想だ。でも、彼女は大真面目だった。

いまは、そもそもディナーダンスのあるレストランなんてないし、女性の一人旅に対する偏見もなくなった。だから、一人であろうと、ことさらに気にする必要はない。

ちゃんと予約を入れて（一人でなくても、クラシックホテルのメインダイニングで食事する時は必ず予約をすること）、堂々としていれば問題ない。

ポイントは、堂々と、である。

一人であろうがなかろうが、実は、クラシックホテルで最も重要なマナーは、堂々として、おどおどしないことにつきると思う。

母はよく、腰のちょうつがいを入れて背筋を伸ばして歩きなさい、と言った。猫背でおどおどした歩き方をしていると、みっともないし、海外では勝手のわからない外国人丸出しで、犯罪のターゲットにもなりやすい、というのが母の持論だった。

ホテルにあっては、堂々とした態度でいることが、よりいいサービスを受けることにもつながる。

知人の建築写真家で、育ちの良さが

そうさせるのか、いつも実に堂々と、王のような風格で歩く人がいる。彼とは内外のホテルで撮影に同伴したことがあるのだが、ロビーで三脚を立てていても、なぜか目障りにならず、風景の一部になっていた。襟付きのシャツに長ズボン、どんな暑いところでも「スマートカジュアル」の基本を崩さない服装で、堂々とシャッターを押す彼のことは、どのホテルも王のように遇していた。

よくヨーロッパのホテルでは、日本人は馬鹿にされる、いいサービスを受けられない、という人がいる。だが私は、おめでたい性格のせいか、個人的にそういう体験をしたことはない。たぶん、単にいつもホテルで堂々としているからだろう。

そして、もうひとつのポイントが、テーブルマナーでも触れたように、わからないこと、してほしいことがあったら、何でも聞いてみる姿勢だ。

たとえば、ホテルを日帰りで利用する場合、宿泊客専用のエリアに入るのは基本的にNGだが、見てみたいと思ったとする。その場合も、人目を盗んでこそこそ潜入するのは止めよう。怪しさ丸出しで、ホテルにとって、まさしく招かれざる客になる。

そういう時は、正攻法で、客室を見たいとお願いしてみる。食事をした客であると、さりげなくわかるようなタイミングでフロントに聞くといい。忙しくて対応できないこともあるが、時間があれば応じてくれるはずだ。

チェックアウトの時、掃除している隣の部屋が気になる、なんていう時も、覗くのであれば、掃除をしているスタッフに声をかけよう。何にしても、堂々として、声をかける、ということが大切なのだ。

クラシックホテルでは、普段と勝手が違う、あるべきものが見つからない、使い方がわからない、そういうこともあるだろう。そんな時、黙って我慢してフラストレーションをためるのは、ホテルに対しても失礼なこと。おかしいな、わからないな、と思ったら声に出そう。たとえクレームであっても、それは決してマナー違反ではない。

日本人は、その場では不満があっても、にこにこ笑って、何もないように振る舞いがちで、後になって悪口を言う人もいる。クレームはホテルにいる間にちゃんと伝えて、ホテルに挽回のチャンスを与える。それこそがホテルに対する礼儀であり、マナーだと思う。

せっかくのクラシックホテルとの一期一会、お互いにとって幸せなものでありたい。それをフォローするのがマナーなのだ。

エピローグ

クラシックホテルをこよなく愛する同い年の友人がいる。父親同士が実は知り合いの間柄なのだが、お互いが知り合ったのは大人になってからで、よく話をするようになったのは最近のことだ。それでも、彼と話していると、懐かしい思い出がよみがえり、話がつきなくなる。子供だった頃、一緒に遊んだわけでもないのに、幼馴染みのように想いを共有できるのは、同じ時代のクラシックホテルの記憶があるからだと思う。

それは、私と彼の子供時代、すなわち一九六〇年代後半から七〇年代にかけての記憶である。「百年ホテル」のことを、明治の面影がいまも残る、なんて知ったように言うけれど、明治時代のホテルがどうだったかなんて、本当は何も知らない。私が懐かしむクラシックホテルとは、「百年ホテル」の歴史からすれば、ともすれば「最近の出来事」として振り返られることもない、でも、クラシックホテルというものが、

著者が子どもだった頃、1967年暮れ、富士屋ホテルのメインダイニングルームで催されたお子様パーティー。当時人気の快獣ブースカも登場。右頁：同じく翌年始めのパーティー

明治から続く時間の中に確かにあったと確信できる、あの日々なのである。

⚜

たとえば、戦争とその後のＧＨＱによる占領は十年以上におよんだけれども、富士屋ホテルで夏を過ごす常連の顧客は、空白の時代を挟んで、再び顔をあわせたと聞く。連続する時間の中にクラシックホテルがあった、とはそういう意味である。

そうした昔からの顧客が、ひと家族、またひと家族と、訪れなくなった節目が、実は、一九七〇年頃であった。

相続ができなくなって、戦前から続く家屋敷を手放すタイミングが重なったのか。明日は今日より豊かになるとみんなが信じた頃、それゆえに、相対的に豊かさを失った人たちがいたということなのか。理由はよくわからない。

一九七〇（昭和四十五）年に大阪万博があって、高度経済成長に沸き、希望に溢れていた時代。でも、クラシックホテルには、そうした世相を反映する華やかさと同時に、時代と逆行するような一抹のせつなさがあった。遠い昔から続く時間がある一方で、何かが少しずつ変わろうとしている、予感のようなものだったのかもしれない。私が懐かしいと思うのは、そういう時代である。

夏以上に、毎年決まった顧客が顔をそろえるのが年末年始で、大晦日、元旦、そして二日の三日間は、毎夜、異なる訪問着やイブニングドレスを用意するのが、ホテルに集まる女たちのきまりだった。もっとも古くからの顧客は、必ずしも衣装を新調するのを粋とせず、代々受け継がれたものを大切に着て、派手な新興勢力に眉をひそめ

たものだというが、そこには確かに、『華麗なる一族』の冒頭シーンを彷彿とさせる華やかさがあった。

だが、一九七〇年代を境に、そうした家族が、一組、また一組と消えていった。彼らがホテルで長逗留しなくなった理由が、本当のところ、何であったのかはわからない。でも、それぞれの家族の個人的な事情を超えた何かが、時代そのものにあって、クラシックホテルをめぐる風景を少しずつ変えていったのだと思う。

⚜

富士屋ホテルでは毎年、年末年始に顧客が集まって記念写真を撮る習慣があった。外国人ばかりだった明治時代には、それはクリスマスイブの仮装パーティーの夜であったが、やがて、お正月の夜の恒例行事になった。

私は、ホテルで育った母のように写真に加わることはなかったけれど、やはりお正月恒例であったビンゴ大会には行くことを許されて、毎年、クリスマスに新調してもらう服を着てホテルに行った。

いまから思えば写真撮影だったのだろう、ことさらに華やいだ服装の女たちが集まると、あたりに香水の匂いが漂い、ロビーがぱっと明るくなった。

毎年、手の込んだビーズ刺繍のイブニングドレスを着てくる面長の婦人がいた。夜の照明にビーズがきらきらと輝いて、それは美しく優雅だった。当時、集合写真に収まっていた友人によれば、三井の分家から総本家に嫁いだ奥様だったらしい。その後も長く、夏と年末年始は富士屋ホテルで過ごす習慣を守り続けたひとりである。あの

1946年クリスマスをいろどった大ケーキ。右頁は1951年のクリスマスパーティーのもよう。いずれも富士屋ホテルにて。接収時代の華やかさをあらわす写真Ⓕ

夜、女たちのさまざまな運命が交錯していたのかと思うと、いまさらながらに感慨深い。

いまよりずっとドレスコードは厳しかったけれど、それでも、ディナーに裾の長いイブニングドレス姿を見かけるのは、お正月の夜だけだったと記憶する。

クリスマスも華やかだった。

一九五四（昭和二十九）年まで続いたＧＨＱの接収時代には、クリスマスのデコレーションは部署別の対抗で、優勝するとウィスキーの賞品が出たという。そうした時代の空気が残っていた一九六〇年代、クリスマスのデコレーションはいまよりずっと派手だった。メインダイニングを天井いっぱいまで埋め尽くした風船。巨大なクリスマスツリー。てっぺんに載せられた銀色に輝く星。サンタクロースなんて端《はな》から信じない子供だったけれど、ホテルのクリスマスデコレーションは楽しみだった。

クリスマスには、まず子供向けのパーティーがある。テレビの人気アニメキャラクターが登場するような、そのイベントはあまり好きでなくて、むしろ楽しみにしていたのは、クリスマスイブのディナーだった。

メニューには昔ながらの伝統的な料理が並ぶ。前菜は生牡蠣、メインは栗を詰めて、クランベリーゼリーとグレイビーを添えた七面鳥のロースト、デザートには、チャールズ・ディケンズの小説『クリスマス・キャロル』に登場するクリスマス・プディング。それが、だんだんに、牛フィレ肉やクリスマスケーキにとって代わられて、私はがっかりさせられたのだった。

富士屋ホテルには、明治という時代の匂いをおぼろげにでも知る人がまだいて、昔ながらのものや習慣が生きていた。

花御殿の「菊」のスイートには、竣工当時のベッドカバーがまだ使われていた。黄金色のシルクは、いささか古びてはいたけれど、滑らかな肌ざわりと菊を縫い取った刺繍の豪華さは、いまもはっきりと記憶にある。

花御殿は、そのほとんどが、オリジナルのままだった。

現在のウェディングチャペルは、イベントが行われる多目的ルームで、天井には、さいころやトランプ、花札をあしらったユニークな照明器具が下がっていた。当時、「パインルーム」と呼んだ、くもの巣のステンドグラスがある小宴会場と並んで、私がホテルで一番好きな場所だった。

花御殿落成のお祝いに行われた盆踊りも、夏の恒例行事として生きていた。玄関前の駐車場にやぐらを立てて、太鼓の音が響く。

ドドンガドン。ドドンガドン。

「富士屋音頭」というオリジナルの曲があり、花笠を持って輪になって踊った。

室内温泉プールは、いまよりずっと薄暗く、洞窟めいた雰囲気で、でも、その妖しさが子供心にわくわくした。

夏は、庭にある屋外プールによく出かけた。山から引いた冷たい水は、いまも変わっていない。

金谷ホテルの接収時代、手づくりのメニューカード。絵心のあるシェフが彩色ゆたかに描いたもので、いま見てもじつに楽しい。次頁も同じ

屋外プールに行くつもりでいて雨が降ると、浮き輪を抱えて屋内プールに急ぐ。泳いだ後には、貸切風呂の人魚風呂に行く。大理石の人魚像がなまめかしくポーズをとる洋風の風呂はいまも健在だ。

風呂から上がる頃、夏の日が傾き始める。プールサイドで鳴いていたミンミンゼミは静かになって、ヒグラシがカナカナと鳴く。

ロビーにエアコンはなかったから、オーキッドラウンジの窓は大きく開け放たれていた。窓から入ってくる風は、森の匂いがした。その風に、ヒグラシのカナカナが重なる。

⚜

大学生になった頃、夏休みに友人たちを連れて富士屋ホテルに行ったところ、ハーミテージ（隠者の庵という意味）という客室棟が壊されて、なくなっていたことがあった。

ぽっかりあいた空洞のような空間に、ブランコが揺れていた。

何も知らない友人たちは、そこで記念写真を撮ろうと言う。

友人が乗るブランコの横に立つ。

笑おうとするのだけれど、どうにも笑顔がぎこちなくなる。

クラシックホテルの時間は、永遠ではない。わかってはいたけれど、消えた建物と一緒に、心にもぽっかり穴があいた気がした。

昔の顧客の中には、思い出を自分だけの記憶に封印して、最近は海外にばかり出か

左頁：楽しかった滞在を終えて、回転扉を押す――。また来るときも、旅人をこの回転扉が迎えてくれる。百年むかしも、いまも、これからも

けている人もいる。

その気持ち、わからないではない。

本当のことを言うと、私も、子供時代のホテルの記憶が強すぎて、クラシックホテルのいまと、どう距離をとればいいのか、悩んだ時期もあった。

でも、考えてみれば、私が子供の頃にも、全く同じことを言う大人たちがいた。いまのホテルはもう、自分の知るホテルではないからと、距離をおく人たちがいた。

明治はもちろん、昭和の時代さえ、遠い物語になろうとしている。それでも、「百年ホテル」は存在し続け、訪れる人たちを魅了し、未来に続く時間を刻んでいる。

いまも、ときどき小さな変化がある。時代の変化に呼吸を合わせるようにして。

でも、過ぎ去った時間が遠くなったぶん、歴史は、クラシックホテルにおいて、より大きな意味を持つようになって、建物が消えてしまうようなことはなくなった。

私の記憶の中にあるホテルも、母や祖父の時代がそうであったように、ひとつの物語になろうとしている。

4つの「百年ホテル」詳細データ

富士屋ホテル

〒250-0404
神奈川県足柄下郡箱根町宮ノ下359
電話　0460-82-2211
FAX　0460-82-2210
URL　http://www.fujiyahotel.jp
新宿から小田急小田原線ロマンスカーで85分、箱根湯本へ。箱根湯本から箱根登山鉄道で25分、宮ノ下下車、徒歩7分。
全148室
宿泊料金　2万1600円〜
一人での宿泊　可

Memo

開業は1878（明治11）年7月15日、山口仙之助が創立。最も歴史ある本館（1891年建造）のほか、1号館「カムフィ・ロッジ」、2号館「レストフル・コテージ」の2棟からなる木造2階建ての西洋館（1906年建造）、富士屋ホテルの象徴〝フラワーパレス〟花御殿（1936年建造）、高台に立つフォレスト館（1960年建造）、また、別館として旧御用邸・菊華荘（1895年建造）があり、それぞれ客室のつくり、雰囲気が異なる。源泉掛け流しの貸切風呂は、中央にマーメードの彫刻をしつらえた不思議な空間。室内温泉プールや屋外プール（夏季のみ）、エステサロンも完備。チャペルでの結婚式も人気が高い。

＊データは2017年6月現在のものです。宿泊料金は、レギュラーシーズン（オフシーズン）平日、1室2名利用でのルームチャージ（税・サービス料込み）です。各ホテルとも、食事付き等各種プランを用意しているので、ホームページ等で確認されることをおすすめします。

日光金谷ホテル

〒321-1401
栃木県日光市上鉢石町1300
電話　0288-54-0001
FAX　0288-53-2487
URL　http://www.kanayahotel.co.jp
浅草から東武日光線特急スペーシアで110分、東武日光下車（新宿からJR湘南新宿ライン特急での乗り入れあり）、車で約5分（シャトルバスもあり）。
全71室
宿泊料金　2万1384円～
一人での宿泊　可

Memo

1873（明治6）年に外国人向けの宿泊施設「金谷・カッテージイン」を金谷善一郎が開業。現在地に移転したのは1893年。1901年築の新館は、本館2階とつながっている。富士屋ホテルの花御殿と兄弟のようにそっくりな建物、別館は1935年築の木造3階建て。コーナーツインからシャワー付タイプまで客室は個性豊か。小山薫堂さんがプロデュースした世界に一つしかない客室「N35」「Orange Suite」も注目。日光連山の雄大な眺望を楽しみたい。

万平ホテル

〒389-0102
長野県北佐久郡軽井沢町軽井沢925
電話　0267-42-1234
FAX　0267-42-7766
URL　http://www.mampei.co.jp
東京から長野新幹線で70分、軽井沢下車、車で約5分。
全109室
宿泊料金　2万5840円～
一人での宿泊　可

Memo

1894（明治27）年、「亀屋ホテル」として初代佐藤万平と国三郎（2代目万平）が創業。1902年に現在地に移り「万平ホテル」に改名。1936年築のアルプス館（本館）の客室は、このホテル独特のクラシックタイプ。奥には、ウスイ館、アタゴ館、別館、コテージがあり、シンプルなツインルームからライティングデスクを備えた書斎タイプ、ファミリータイプまで、さまざまなスタイルが選べる。軽井沢に来たらここでお茶を飲まなくては、というくらい、カフェテラスは有名。GW、夏休み中はとくに混雑するので、ゆっくり待つつもりでどうぞ。

❻万平ホテル、アルプス館玄関前に置かれた郵便ポスト。もちろん現役です
❼奈良ホテル、本館の階段手すりにつけられた陶製の擬宝珠（ぎぼし）
❽富士屋ホテル、本館テラスの回転扉上。鳳凰の上に天使の彫刻
❾奈良ホテル、ロビーにあるアインシュタインの弾いたHarrington製ピアノ
❿日光金谷ホテル、フロント上にある「想像の象」の彫刻。❺と同様
⓫日光金谷ホテル、ロビー一角の装飾　⓬日光金谷ホテル、回転扉上にある鮮やかな彫刻の部分、龍

奈良ホテル

〒630-8301
奈良県奈良市高畑町1096
電話　0742-26-3300
FAX　0742-23-5252
URL　http://www.narahotel.co.jp
京都から近鉄特急で35分、近鉄奈良下車、車で約5分。あるいは、京都からJR奈良線で45分、奈良駅より車で約8分。
全127室
宿泊料金　2万9700円～
一人での宿泊　可

Memo

創業は1909（明治42）年10月17日。鉄道院が総工費35万円をかけて建設、大日本ホテル株式会社の経営で始まった。明治の大建築家、辰野金吾が設計した本館に入ると、中央にすえられた吹き抜けの大階段に圧倒される。玄関やダイニングルームに掛けられた上村松園、横山大観はじめ日本近代画家による絵画の数々、随所に奈良ホテルの象徴として設けられたマントルピースも見所。往時の栄華に触れられる。高い格天井のゆったりとした客室からは奈良公園の緑や寺社の眺望などが堪能できる。1984年築の新館は全室庭に面したつくり。森に包まれたように静かで快適。

34～35ページのクイズの答え

❶富士屋ホテル、本館2階から正面玄関に降りる階段手すりの龍の彫刻
❷日光金谷ホテル、本館2階ダイニングルーム脇のロビーの壁に掛かる鳥居形をした鏡
❸富士屋ホテル、本館フロント脇のティーラウンジ中央にあるタイルの暖炉の彫刻
❹富士屋ホテル、本館フロント前の柱に施された彫刻
❺日光金谷ホテル、フロント上にある麒麟の彫刻。日光東照宮にある霊獣や動物の彫刻を模して製作されたという。東照宮と縁の深いこのホテルならではのもの

写真撮影　伊藤千晴
本文デザイン　中村香織
装幀　新潮社装幀室

百年《ひゃくねん》の品格《ひんかく》
クラシックホテルの歩《ある》き方《かた》

発行　2011年7月25日
5刷　2025年9月5日

著者　山口由美《やまぐちゆみ》
発行者　佐藤隆信
発行所　株式会社新潮社
〒162-8711
東京都新宿区矢来町71番地
電話　編集部　03-3266-5611
読者係　03-3266-5111
https://www.shinchosha.co.jp
印刷所　半七写真印刷工業株式会社
製本所　加藤製本株式会社

ISBN978-4-10-469203-3 C0095